ENGLISH DIALOGUES

1

Bernard Garde

Copyright © 2016 by Bernard GARDE
Dépôt légal deuxième trimestre 2016
All rights reserved – Tous droits réservés
ISBN 978-2-913283-63-3   -   EAN 9782913283633
Conception, impression & distribution via Createspace et Amazon

MODE D'EMPLOI

Les vint-six dialogues de niveau 1 proposés dans cet ouvrage pratique ont pour but de développer le vocabulaire, la compréhension, et l'acquisition des expressions idiomatiques les plus courantes de l'anglais usuel, avec l'autonomie totale qu'offre la traduction indicative intégrale annexée.

Les très nombreuses questions qui suivent chaque dialogue sont « explicites » lorsque la réponse est à puiser dans le dialogue lui-même, tout en le reformulant en fonction de la question, ou « implicites » lorsqu'elles supposent une réponse imaginaire compatible avec le contexte, afin de favoriser le développement de l'expression spontanée.

En solo, la lecture de ces pages à haute voix permet à l'étudiant ou à l'adulte de se familiariser avec le vocabulaire varié et les situations conversationnelles typiques de l'anglais quotidien, dans les meilleurs conditions de réactivation intensive pour une mémorisation facile et active.

En duo, ou pair-work, ces documents donnent l'occasion d'une réelle mise en situation stimulant la créativité et l'improvisation au fil des questions qui enrichissent chaque situation, au point d'inclure jusqu'à l'expérience vécue de chaque participant, dans une mutuelle correction des erreurs éventuelles de l'un ou de l'autre (l'essentiel étant ici de communiquer avec plaisir).

En groupe, avec ou sans animation professorale, les mêmes avantages s'en trouveront démultipliés, et chaque question « implicite » pourra faire l'objet de multiples réponses possibles, autorisant un brassage de vocabulaire et d'expressions d'autant plus intense.

Dialogue 1

- Who's your best friend, Mark?
- My best friend is Andrew Norton.
- Do you meet him regularly?
- Oh yes, of course. We meet every week, on Saturday morning.
- Why on Saturday morning?
- Because we play squash together at Sutton Club every Saturday morning.
- Do you know your friend's family?
- Yes, I do. In fact, I meet Andrew's daughters at the squash club because they usually come
with their father to play squash with us.
- And what about his wife?
- Well, his wife doesn't play squash...I don't think she likes that sport.
- I suppose she prefers to do the cooking for lunchtime...
- No, Sandra doesn't cook on Saturdays because the Nortons usually have lunch at Andrew's mother's. She does her shopping at the supermarket.
- I see... And how long do you play squash every Saturday?
- About two hours, from 9 to 11, because the Nortons have lunch at 12 sharp.
- Do you meet new people at the club?
- Yes, we do, particularly French and Spanish people from the Sutton Language School. But Andrew's daughters don't like to play with people they don't know. They prefer to play with me or their father.

Questions : (Imagine your answer when necessary.)

How do Mark and Andrew Norton know each other? (How and where did they meet?) How long have they been friends? (What year did they become friends? How long ago?) How often do Mark and Andrew meet? When do they meet? Where do they meet? What do they meet for? Why do they prefer to meet and play squash on Saturdays? Why not on Sundays? Who does Andrew come to the club with? Why? Why doesn't Sandra come to Sutton club with her husband and daughters? Why doesn't Sandra cook lunch on Saturdays? What does Sandra prefer to do on Saturday mornings? Why must Andrew and his daughters stop playing squash at 11? What must they do after playing squash and before going to Andrew's mother's? What does Sandra usually buy at the supermarket? items and quantities) Who does Mark usually play squash with? Who is the best player most of the time? Why can't Mark play with French or Spanish people from the Sutton Language School? What do foreign people do in that school? How long do they usually stay? What sport does Mark's wife prefer if she doesn't like squash? How long do the Nortons stay at Andrew's mother's every Saturday? Why don't Andrew's daughters like to play with French or Spanish people? How much must Mark and Andrew pay each time they want to play squash? How many people are members of the Sutton Club? How much is the yearly membership? What sport do you personally prefer? Are you a member of any sport club? How often do you practice sport? Who with? Who is your best friend?

Dialogue 2

- Peter?
- What?
- Sally's on the phone, and she says she'd like to meet your friend at the pub one day…
- I know. But it's impossible.
- Why?
- Because we meet every Wednesday at the King's House at 1 p.m. And Sally works from 9 a.m. to 4 p.m. on Wednesdays.
- I see. But who's that new friend?
- Robert. I mean, " Row-bear ", a French guy from Paris.
- I see. And why does Sally want to meet him?
- Because he's French and Sally loves France and French people, as you probably know.
- Yes, I know she reads French books and newspapers…
- That's right. And she listens to France Inter and watches French films on TV.
- Maybe that's why she works for a French company in Liverpool!
- Her new car is a green Twingo and people say she's got posters of French film stars in her bedroom!
- Really? And does your friend want to meet her?
- I think so. He says Sally probably loves him!
- But that's impossible, Peter : she doesn't know him!
- You don't know " Row-Bear ", my dear : impossible isn't French for a Latin lover!

Questions : (Imagine your answer when necessary)

Why is Sally phoning Peter? Why hasn't Peter answered the phone call? Where is Sally phoning from? How often does Sally phone Peter? Why does Sally want to meet Peter's new friend? Where and how did Peter meet Robert? How long have they been friends? How often does Peter meet his French friend? Where do they meet every Wednesday? What do Peter and Robert eat or drink every time they meet at the King's House? Where is the King's House in the town centre? What's near that pub? (Describe the area) Why is Robert in Britain? How long is he in Britain for? How long has he been there? Why do the two friends prefer to meet at the King's House? Why not at Peter's? How did Sally learn French? How long has she spent in France up to now? Which French newspapers and magazines does she prefer? Where does she buy them? Why does Peter think Sally can't meet his French friend? How often does Sally listen to France Inter? What programs does she listen to? Which French company does Sally work for in Liverpool? What does that firm sell? Why does she have a green Twingo? How old is her car? Where did she buy it? Whose posters has she got in her bedroom? Who are her favourite film stars and singers? Why does Robert think Sally loves him? What is a Latin lover? Why doesn't Sally live and work in France? How often does she go to France? What's your favourite foreign country? Why do you prefer that country? How many countries do you know? Where did you go last time you went abroad? Where would you like to live and work if you had to leave your country? How long was your longest stay abroad? What was it like?

Dialogue 3

- Do you know that woman, Sally?
- Yes I do, Mr Fox. She's Mrs Flint.
- She's not English, is she?
- No, she's not. She's from France…from Paris, I think.
- I see. Is she here for Mr Brown's birthday?
- I suppose so. The Flints and the Browns are very good friends, you know.
- Do you know her first name?
- I think her name is Karine, but I don't know her surname.
- Does she work for the company?
- No, she doesn't. But her husband is the manager of our Paris agency, as you probably know.
- So I suppose they live in Paris.
- Of course, they do. But they come to Nottingham every three weeks.
- Do they have a flat in Nottingham?
- No, they don't. They stay with Mr Flint's parents every time they come to Nottingham.
- Have you got her parents' address in Nottingham?
- They live at 55 Sunset Avenue. Do you want to know their phone number?
- Yes, please.
- It's Nottingham 728854
- Thank you very much, Sally. See you later at the party.

Questions : (Imagine your answer when necessary)

Why does Mr Fox want to know who that woman is? Why doesn't he know her yet? What's Mrs Flint like? Why doesn't Mr Fox think she is English? How does Sally know Mrs Flint? What's Sally's job in this company? Why can't Mr Fox introduce himself or be introduced to Mrs Flint now? What's Mrs Flint here for today? Why is she invited to Mr Brown's birthday? How do the Flints and the Browns know one another? How old is Mr Brown? Where will his birthday party be? How many people are invited? What present have the Flints brought for Mr Brown? Where did they buy that gift? Which part of France is Karine from? What was her maiden name before she got married? How did Mr Flint meet Karine? How long have they been married? How many children have they got? Where are their children today? Does Mrs Flint have a job in Paris? Why doesn't she work for her husband's company? Why was Mr Flint appointed to the Paris agency? How long has he been a manager? How big is that agency? How many employees work there? Where is it in Paris? What's the Flints address in Paris? Why did they choose that area to live in? How often do the Flints come to Nottingham? How do they prefer to come? How long do they stay each time they must come to Nottingham? What does Mr Flint come to Nottingham for every three weeks? Who does he meet? Does Karine always come to Nottingham with her husband? (Why/Why not?) Where do the Flints stay every time they come to Nottingham? Why does Mr Fox want to know the Flints' address and phone number in Nottingham? What's Nottingham famous for in History?

Dialogue 4

- Excuse me, I don't think I know you... Do you come to the club every weekend?
- No, I dont. This weekend is exceptional, because I'm with two Scottish friends from Glasgow. But I usually play badminton on Thursday afternoons, from 3.30 to 5.30.
- Do you come with your family on Thursdays?
- No, I don't. My wife doesn't like badminton. She stays at home with the children. The boys prefer to watch TV or play in the garden, you see.
- Of course! And does your wife like watching TV?
- No, not really. She likes reading and playing music.
- Do you play music together?
- No, I don't play music. But Nancy plays the piano with a friend from Newton School. And they meet every Thursday afternoon to work on music by Mozart or Beethoven.
- Is your wife a teacher?
- No, she's a secretary at Newton School, but her friend is Miss Wilkins, the music teacher.
- Do you listen to their music?
- I do, sometimes, when Miss Wilkins stays for dinner. But they know I prefer jazz or blues.
- Do your children like their mum's music?
- Well, I don't think so, because every time their mother plays with Miss Wilkins, they stay in their bedroom to watch TV or listen to the radio.
- I see. I suppose they prefer songs with electric guitar, like all children.

Questions : (Imagine your answer when necessary)

Why doesn't that lady know this gentleman? What day are they having this conversation? When does the gentleman usually come to the badminton club? Why is he at the club this weekend? Where are his Scottish friends from? How long are his Scottish friends staying at his home? How did they come here? How long does he usually play badminton on Thursdays? Why must he stop playing at 5.30? Why does he prefer to be away from home on Thursday afternoons? Who does he play badminton with? Why is badminton more popular than tennis in Britain? What do his wife and children prefer to do on Thursday afternoons? Why can't his children watch TV in the living-room? Where do they prefer to stay? Who does his wife play music with? Who are her favourite composers? How does Nancy know Miss Wilkins? Why don't they play music at Newton School? What does Nancy do at Newton School? What does her job consist in? Which room is the piano in at Nancy's? How many TV sets have they got? Where are they? What sort of music does Nancy's husband prefer to listen to? Why doesn't Nancy's husband think his children like their mother's music? What sort of music do Nancy's children prefer, according to the lady? Have you ever played the piano or any other instrument? What would you like to play now? What sort of music do you usually listen to? Where and when do you listen to music? Who is your favourite musician or singer? Do you attend concerts or musical show? (What/When?) Have you ever played badminton in a club? Where do most French people play badminton? Which famous pieces of music by Mozart or Beethoven do you know? What do today's children do with a TV set in their room? Have you got a play-station?

Dialogue 5

- Bernie?
- Yes, Sarah?
- Do you like your parents-in-law?
- Yes, I do. They are very pleasant people, you know, particularly Barbara's father.
- Do you meet them every week?
- No, I don't, because they don't live in Manchester. We meet every two or three weeks, with Barbara's brothers.
- Does your father-in-law work?
- Of course he does. He's only 52, you know. He's a dentist in Bradford. And his wife works with him as an assistant.
- A dentist, you say? Does he work on Friday mornings?
- I think so. He usually works from 9 to 12 in the morning. Do you want to meet him?
- No, thanks. I don't like dentists. But I'd like to know his name.
- His name is Dr. Moore. People say he's the best dentist in Bradford. If you've got a problem with your teeth...
- No, it isn't for me, Bernie. It's for my nephew Jonathan. He's a student at Bradford School of Journalism, and I know he wants to interview a dentist about his job. Have you got Dr. Moore's address and phone number?
- His address is 67 Darwin Square, and I think his phone number is...4...8...er...33...er...
- Don't worry, Bernie. Jonathan can read a phone book! Thanks for him, anyway.

Questions : (Imagine your answer when necessary)

What does Sarah want to know about Bernie's parents-in-law? Which of his parents-in-law does Bernie prefer? Why does Bernie prefer his father-in-law? Why doesn't Bernie like his mother-in-law as much as his father-in-law? How far is Manchester from Bradford? What's the ideal distance from one's parents-in-law? How often does he meet his parents-in-law? Do you think it's too often or not often enough? Who does Bernie meet his parents-in-law with? How many brothers does Barbara have? What are Barbara's brothers like? Which brother-in-law does Bernie prefer, and why? Whose physical, intellectual or psychological qualities and failings has Barbara inherited? Why isn't Barbara's father retired? What's his job? Where does he work? Who with? How did Barbara's parents meet? Could you personnally work with your wife or husband? What are the advantages and drawbacks of working together as a couple? Why does Sarah say she doesn't like dentists? What's Dr Moore's reputation in Bradford? How many patients does Dr Moore usually see every week? How long is the average visit? Why does Sarah want to know if Dr Moore works on Friday mornings? Who does Sarah need Dr Moore's address and phone number for? How old is Jonathan? Why does Jonathan need to meet Dr Moore? When could he meet him? What questions would you ask Dr Moore if you had to interview him about his job? What will Sarah's nephew do after studying in Bradford? Where can journalists find a job? Have you ever been interviewed by a journalist? What would you like to be interviewed about? Why can't Bernie remember Dr Moore's phone N°? Can he remember Dr Moore's private N°? How often do you go to the dentist's? How long have you had the same dental surgeon? What must people do to have good teeth and avoid going to the dentist's?

Dialogue 6

- Ann? Have you got the time, please?
- It's quarter to four, Mr Jones.
- Thank you... I suppose you know I have a meeting at 4.30.
- Yes, I know, Mr Jones. But Mr Palmer isn't here this afternoon...
- Really? It's a pity : I've got a letter for him. Is he at home?
- No, he's in Coventry. I think he wants to phone you before the meeting. He's got a problem with his car.
- Oh, I see. Maybe he wants to change the time of the meeting.
- No, I don't think so, Mr Jones. It's about a letter.
- This letter?
- Maybe. Is it from Ireland?
- Yes, it is. It's from Dublin, apparently.
- Well, maybe the letter is important for your meeting. Do you want to read it?
- Certainly not! This letter isn't for me.
- Why not phone Mr Palmer, then?
- But we don't know where he is in Coventry!
- I do. He's at the Greengate Garage, because of his Rover. And the phone number is 442615.
- That's not the phone number of the garage, Ann. That's his car phone! And Mr Palmer is probably at the Greengate pub at the moment.

Questions : (Imagine your answer when necessary)

Why does Mr Jones want to know what time it is? Why hasn't he got any watch? How long will Mr Jones have to wait before the meeting? What will he do before the meeting? Who is the meeting with? Why isn't Mr Palmer here? Why can't he attend the meeting? What will the meeting be about? How long should the meeting be? Why would M. Jones like to see Mr Palmer this afternoon? How did he get the letter? What's the problem with Mr Palmer's car? Where did Mr Palmer's car break down? Why does Mr Palmer want to phone Mr Jones before the meeting, according to Ann? How does Ann know the letter should be from Ireland? When did Mr Palmer phone her? What does Ann want Mr Jones to do with the letter? Why doesn't he want to read it? Where's the letter from? Why is Mr Palmer staying in Coventry this afternoon? Where is Mr Palmer having his car repaired? Why has he chosen that garage? Why doesn't MrPalmer try to phone Ann again before the meeting? Who sent the letter from Dublin? Why could it be important for the meeting? Why doesn't Mr Jones want to call Mr Rover at N° 442615? What phone number does Ann think 442615 is? Why doesn't she know Mr Palmer's car number? How does Mr Jones know Mr Palmer is probably at the Greengate pub at the moment? What is Mr Palmer doing at the Greengate pub? How long will he have to wait for his car? Why didn't Mr Palmer leave a message with the secretary for Mr Jones? What's the logo on the letter from Dublin like? How much was the stamp? When was the letter from Dublin posted? How long did it take to be delivered here? How much will the car repairs cost? How will Mr Palmer pay for the car repairs? How far is the company from Coventry? What was Mr Palmer doing in Coventry?

Dialogue 7

- What time do you usually have breakfast, Mr Goldworth?
- When I have to work, I have breakfast at 7 o'clock.
- Do you have breakfast with your wife and children?
- Yes, of course. We all get up at seven because the boys' school is in Peterborough, and my wife works with me at St James's Hospital.
- And what do you eat and drink at breakfast time?
- We usually have a cup of tea or coffee, and some toast with butter and jam.
- Do your children drink tea or coffee?
- No, of course not. They prefer to have an orange juice with their cereals.
- Which cereals do they prefer to eat?
- Corn flakes, of course, but mixed with Weetabix or Rice Crispies…
- How long is breakfast with your family?
- Mmm… about half an hour. It's an important meal for us, you know, because we prefer to have a light lunch at work.
- And then, I suppose you go to Peterborough by car…
- That's it. It's very convenient because we've only got one car, you see.
- How long is it from here to Peterborough?
- About 40 minutes. We usually leave Stamford at quarter to eight.
- And what time do you come back home in the afternoon?
- Well, in fact, we don't come back home together. My wife leaves the hospital at 3 p.m. So she comes back by car with the children. And I take the 5.30 bus to Stamford.

Questions : (imagine your answer when necessary)

What is this interview about? Why is Mr Goldworth interviewed about his everyday life? Who does Mr Goldworth have breakfast with? What time does he wake up and get up? Why does Mr Goldworth have breakfast with his wife and children? Where do they have it? What does that family eat and drink at breakfast time? Where do they wash and get dressed? Do they wash and get dressed before or after having breakfast? Why? What about you? How far is Peterborough from their home? Why don't the children go to school in Stamford? What are the parents' jobs or responsibilities at St James's Hospital? How did they meet? Why is breakfast an important meal for Mr Goldworth and his family? How do they go to work? What do the parents eat and drink at lunch time? Where can their children have lunch? Why have they only got one car? What time do they usually arrive in Peterborough? Why can't they come back home together? Why does Mrs Goldworth stop working at 3 p.m.? Why doesn't Mr Goldworth come back home by car with his wife and children? How does Mr Goldworth come back home? Where does he catch the 5.30 bus? Why don't his children go to school by bus? Who does Mr Goldworth meet on the 5.30 bus? How many times a day does Mr Goldworth take the bus? Where from and where to? What time do you usually wake up? What time do you usually get up? Do you prefer to get dressed before or after having breakfast? (Why?) What do you eat and drink at breakfast time? Is it different at weekends? Do you usually have breakfast with your family? (Why / Why not?) How long is your breakfast? How long do you commute every day, to go from home to work and back? Do you have a favourite brand for tea, coffee, jam, cereals and orange juice? What else can British people have at breakfast apart from these classical food items?

Dialogue 8

- Hello Marian!
- Good Morning, Paul. What are you doing in this supermarket?
- I'm buying some food for tonight's dinner. You know my wife is in Wales with her boss.
- Yes, I know she's in Swansea. When is she coming back?
- On Tuesday afternoon, I think.
- Why don't you have your meals at the cafeteria when your wife is away?
- Because I have lunch there every day, you know, and I prefer to watch TV at home. There's a good match tonight: Manchester United are playing A.C. Milan!
- I know, and it's a pity. I want to watch an Italian film on BBC 2 but George prefers football, as usual…
- Do you want me to invite George, so that you can see your film?
- Why not. That's a very good idea, Paul.
- What does your husband like to eat?
- He likes beef and potatoes, lettuce, sausages, bacon and eggs, pork pie, and…
- Does he like sandwiches?
- Oh no, not at dinner time, because he has a ham sandwich for lunch every time he works. No, he usually has a big dinner, and I have to cook every afternoon from 5 to 7.
- I'd like to invite George, but I don't want to cook from 5 to 7!
- Why not buy a pizza, then? George doesn't like Italian films, but he loves Italian food!
- And Italian wines!

Questions : (Imagine your answer when necessary)

Where is Paul meeting Marian? What was Marian doing when Paul saw her? Why is Paul in this supermarket? What does he need to buy this time? Why does Paul need to go shopping for dinner? Who is his wife in Wales with? What are Paul's wife and her boss doing in Swansea? How long are they in Wales for? How did his wife and her boss go to Wales? Where are they staying? Why does Paul never have dinner at the cafeteria? Where does he prefer to have dinner? Why? What does Paul intend to do tonight, after having dinner? Which is his favourite football team? How long is a football match? What are tonight's two teams competing for? What's Marian's problem with tonight's TV programme? What does Paul suggest to do? Why does George usually have a big dinner? How long does Marian need to cook dinner? Why does Paul want to know if George likes sandwiches? What is your favourite sandwich like? Why doesn't Paul want to cook from 5 to 7? Where does George buy his sandwiches? What's the ideal everyday dinner like in your opinion? What drinks can Paul buy for dinner? What solution can Marian suggest for tonight's dinner? What's your favourite pizza like? How does Paul know George loves Italian wines? How do you like Italian food and wines? Why doesn't Paul know what George prefers to eat? Why can't Paul invite Marian with George? How many TV sets do Marian and George have? Are you personally fond of soccer matches? What sports do you prefer to watch on TV? Where do you prefer to buy or eat pizzas? How often do you go to the supermaket? Which supermarket do you prefer? Why? What's an ASSE supporter from St-Etienne like? How many football teams can you recognize? Do you think professional football players are too rich? Which football team do you support? Have you ever seen any soccer match as a spectator? What should be done concerning hooligans?

Dialogue 9

- Morning Fiona! How are you?
- Very well, thanks. I'm going to Plymouth with my sister Wendy.
- Really? And what are you going to do in Plymouth?
- Well, Wendy's got an exam at Plymouth College on Thursday, and I'm going with her because I'd like to visit the town.
- You're lucky, Fiona. Plymouth is a very nice town. Are you staying at a hotel?
- No, Wendy's got a friend in Plymouth. His name's James Hunter. He's a first year student at Plymouth College. He's the son of one of the teachers, actually.
- I see. Are you going by car or by train?
- By train, of course. It's very convenient because James's flat is opposite the station.
- And when are you coming back to Watford?
- Probably on Saturday afternoon. And maybe with James, because our parents want to invite him.
- And where's your sister?
- She's buying a few magazines and one or two drinks for the train.
- How long is it to go to Plymouth from here?
- Wendy says it's about 4 hours, because we must cross London. Here's my ticket and the reservation : it says we arrive in Plymouth at 12.15, you see.
- And when are you leaving?
- In about…ten minutes. Ah! Here comes Wendy at last! See you Kevin!
- Bye Fiona! Have a nice trip!

Questions : (Imagine your answer when necessary)

Where are Kevin and Fiona talking? How is Fiona? Where's she going today? Who is she going to Plymouth with? What's Wendy going to Plymouth for? Why is Fiona going to Plymouth with her sister? How does Wendy know Plymouth? Why does Wendy prefer to study in Plymouth? Who is James Hunter? Why is Fiona lucky, according to Kevin? Why won't Wendy visit the town this time? When is Wendy's exam? What does she want to study at Plymouth College? How many students are taking this exam? What subjects will be tested? Why should Wendy probably pass the exam? What subject does James's father teach? Why do Fiona and Wendy prefer to go to Plymouth by train? How long is each test on Thursday? Will they have to change trains in London? How long is the stop in London? What time is this conversation taking place? Where is Wendy while Kevin and Fiona are talking? What's Wendy buying some drinks and magazines for? Why won't they need any hotel? How much is Wendy spending for the drinks and magazines? How did Wendy meet James? What drinks and magazines is she buying.? Why are Wendy's parents inviting James? When and how did the girls make their reservation? How much luggage are they taking? What's James Hunter like? How long has he been Wendy's friend? Why does Fiona only say they will probably come back on Saturday afternoon? Why don't they have a return ticket with a reservation for their return trip? How will they come back from Plymouth? How long will James stay in Watford? Why does Fiona say " Here comes Wendy at last "? Why does she want to stop the conversation? What was Kevin doing near the station when he met Fiona? What will he do next? What makes Plymouth such a lovely town? What day is this conversation taking place?

Dialogue 10

- What are you doing on Saturday, Steven?
- I'm going to Leeds with a friend. Do you want to come with us?
- Maybe. It depends on what your're going to do in Leeds...
- We want to see the new shopping centre. Betty must buy a present for her father's birthday. And I'd like to visit a friend at St James's Hospital.
- When is Mr Flint's birthday?
- On Sunday. He's 53. And they're inviting about 35 friends and relatives.
- I see. And what time are you leaving for Leeds?
- We're taking the 9.30 train. If you want to come with us...
- Why aren't you going by car?
- We'd like to, but we can't, because my sister needs the Ford to go to work.
- Well, don't worry, Steven. I can drive you to Leeds on Saturday. What time must you be there?
- We'd like to be there at about 11 o'clock, if possible. And I think it's only half an hour by car. Can you pick us up opposite the station at 10.30?
- I can, Steven. But there's a lot of traffic in Ramsgate Avenue on Saturday mornings, because of the market, you know.
- That's right Kim. So, where do you want to meet us?
- I'd prefer to meet you in Turner Street. It's near Betty's flat, and there's a nice tea shop opposite the park. It's more pleasant to wait for someone with a cup of tea.

Questions : (Imagine your answer when necessary)

Why does Kim want to know what Steven is doing on Saturday? How does Kim know Steven? What does Steven want to do in Leeds on Saturday? Why is he going to Leeds with Betty? Why does Betty want to buy a present for her father? Where will she buy the present? What present will she buy at the new shopping centre? How much does she intend to spend? How old is Betty's father? Where will he celebrate his birthday on Sunday? How does Steven know one of his friend is in Hospital? Why did his friend choose that hospital? Why is Steven's friend in hospital? How long has he/she been in hospital? What could Steven bring for his friend in hospital? How long will Steven's visit be? What's a relative? How far is St James's Hospital from the new shopping centre? What will Steven have to ask for when he arrives at St James's hospital for his first visit? How are Steven and Betty going to Leeds on Saturday? Why are they going by train? Which train will they take on Saturday? Why must they take the 9.30 train? What makes you think Betty and Steven haven't bought their tickets yet? What does Kim offer to do? How long is it to go to Leeds by train? By car? How much time will Stephen and Betty save if they go to Leeds by car? What will they be able to do with the time they'll save thanks to Kim's offer? Why does Steven want Kim to pick him up at the station on Saturday morning? Why isn't the station the best meeting place, according to Kim? What does she suggest to do? Why does Kim prefer to wait for her friends in Turner Street on Saturday morning? How will Betty come to the meeting place? Why will she probably come on foot? How long will the friends stay in Leeds on Saturday? When will they come back home? How can Betty and Steven thank Kim for her generous offer to drive them to Leeds?

Dialogue 11

- Excuse me Madam...do you know where the post office is?
- The post office? It's in Main Street.
- And where's Main Street?
- It's the second street on the left after the bridge. The post office is a big white building on the right, between the Rainbow Hotel and Nelson Park.
- Is it far from here?
- No, not too far, but there's a lot of traffic this afternoon. It's because of the bus strike.
- The bus strike?
- Yes Sir. There are no buses this week. So everybody is taking their car.
- I see. Is there a car park near the post office?
- There's a big supermarket opposite the post office. I suppose you can leave your car there.
- Thank you very much, Madam... Do you think the post office is open at lunchtime?
- It's open from 9 to 12.30 every morning.
- And it's already quarter past twelve! What a pity!
- But what's your problem, Sir?
- I must phone Heathrow Airport before 1 p.m. And I can't phone from a phone box.
- I see...Well, if it's that urgent, just take the first street on the right. There's a pub at the crossroads. You can phone from there, if you want.
- Great! Are you sure I can? Do you know the owner's name?
- Of course I do! His name is Robert Young, and I'm his wife! Let's go together!

Questions : (Imagine your answer when necessary)

Where is this conversation taking place? What were these two people doing just before meeting? What is the motorist looking for? What does he want to do at the post office? What car is the gentleman driving? Where is he coming from, and going to? Why can't he use his mobile phone? Why can't he phone from a phone box? Who must he call at Heathrow Airport? What must he phone about? Why must he phone before 1 p.m.? Why is there so much traffic in this town today? Why are the bus drivers on strike? How long are they on strike for? How long does the gentleman need to reach the post office, given the heavy traffic? Why does the lady think the gentleman should easily find a parking spot near the post office? What will happen if he can't phone Heathrow Airport before 1 p.m.? What does the lady advise him to do? Why does she recommend the local pub? What's Robert Young's job? What does his job consist in, practically speaking? What's the name of Mr Young's pub? How long has he been working there? How often do you personally go to the pub? Why don't you go more often? What do you usually drink when you are in a pub or a café? Are you a smoker? Where did Mrs Young meet her husband? Does she work with him or not? (Why/Why not?) Would you like to work in a pub? (Why/Why not?) Is pub owner a good job, in your opinion? Do you approve of prohibiting smoking in all public places? (Why/Why not?) Why is the hotel near the post office called the Rainbow? What's a rainbow, normally? Can patrons eat in Mr Young's pub? If so, what can they eat? If not, why not? What would your pub be like if you became a pub owner? Where would you like to open a pub? Why are there fewer and fewer cafés in most parts of France? What has replaced them?)

Dialogue 12

- Good morning, Mr Palmer.
- Good morning, Sarah. What's the programme for today?
- Today you have a meeting at 9.30 with a Canadian customer from Ottawa. He must visit the plant with you before meeting the manager.
- And what time is my next appointment?
- Quarter to eleven, with Mrs Jackson, about the new shopping centre in Glasgow.
- Can you book a table at the White Horse. I'd like to invite Mrs Jackson to lunch, and I know she likes the White Horse's specialities.
- OK boss. And who's going with you?
- Nobody. Why?
- To make the reservation, Mr Palmer.
- Of course! How stupid of me! And what have I got this afternoon, Sarah?
- Er…well, I suppose you know there's a department meeting in Mr Lawson's office…
- What do you mean, Sarah? Department meetings are normally on Friday.
- It must be an exceptional meeting, then. You know the manager can't be here on Friday.
- Oh yes, of course! He's going to the exhibition in Cork. And what time is the meeting?
- 1.30…from 1.30 to about 4 p.m. because Mr Lawson has an appointment in the town centre. His secretary says he's meeting a charming lady from Banbury.
- Banbury, you say? … Isn't Mrs Jackson from Banbury?
- You're right, Mr Palmer. Maybe she's Mr Lawson's charming lady!

Questions : (Imagine your answer when necessary)

Where is this conversation taking place? What time is it, in your opinion? What's Sarah's job? Who is Mr Palmer's boss. What does their compagny sell? What does Mr Palmer want to know every morning, when he arrives in his office? How many appointments has he got this morning? Who is his first appointment with? What time is his appointment with Mrs Jackson? How long will his first appointment be? Why doesn't Mr Palmer look at his diary instead of asking Sarah about his programme for today? Why does the Canadian client need to visit the plant? What will Mr Palmer show him? Why can't the Canadian client visit the plant with the manager? How will he come to the plant? What's Mrs Jackson like? How does Mr Palmer know her? Where is Mrs Jackson from? What will Mr Palmer and Mrs Jackson talk about when they meet this morning? What does Mr Palmer want to do after his appointment with Mrs Jackson? What time will it be? Why does Mr Palmer want Sarah to book a table at the White Horse? Why must she book now? How many people is the reservation for? Which table does Mr Palmer usually prefer to book? Which speciality will Mrs Jackson prefer to order this time? What time will they start eating? How long will they spend together at the restaurant? How much will their lunch cost? What day does Mr Palmer usually have a department meeting? Where will the meeting be today? Why is there a department meeting today? How many people will meet in Mr Lawson's office? How long will today's department meeting be? What will the colleagues talk about? Why will today's meeting have to stop at 4 p.m.? Where will Mr Lawson go after his meeting? Why does Mr Palmer think Mr Lawson will probably meet Mrs Jackson downtown? How does Sarah know Mr Lawson is meeting a charming lady from Banbury? Where will Mr Lawson meet his charming lady? Why doesn't he invite her to lunch?

Dialogue 13

- Hello Mike! Do you know where Mrs Arnold is?
- I think she's with Mr Goldworth and the chairman of G.E.C. in room 37. Why?
- Because I've got a parcel for her on my desk.
- Is it urgent?
- It must be urgent : I know Mrs Arnold is waiting for a few samples from a new supplier.
- Does the parcel come from Ireland?
- Yes, it does. It comes from Galway, apparently.
- Is there a logo on the parcel?
- Of course! A green logo with an apple tree. But I can't see the name of the company.
- Then it must be the new supplier. Can you give the parcel to Mrs Arnold?
- I'm sorry, Mike. I can't leave my office before noon. I must meet three customers before lunchtime.
- Why not send your secretary, then?
- She isn't here today, Mike. You know Sharon doesn't work on Wednesdays.
- Well, in that case, I'm going to phone Mrs Arnold…
- Don't do that, Mike. You mustn't phone during a meeting.
- But maybe Mrs Arnold needs the samples !
- Then, we must wait for their next coffee break, which is usually at 11.
- You're right, Jill. If you give Mr Goldworth's secretary the parcel before 11, she can take it together with the coffee and biscuits. See you later at the restaurant, and good luck!

Questions : (Imagine your answer when necessary)

Why is Jill looking for Mrs Arnold? How does Mike know Mrs Arnold is having a meeting? Which room is the meeting in? Who is Mrs Arnold meeting in room 37? What do the letters G.E.C. mean? Why must Mr Goldworth attend this meeting with Mrs Arnold? What does Mrs Arnold need the urgent samples for? Why hasn't she received them before? How does Jill know the parcel is probably urgent? Where does the urgent parcel come from? Why can't Jill see the name of the company on the parcel? What can she see on the parcel? How does Jill know the parcel comes from Galway? What's the logo like on the parcel? Who sent the parcel? When was it sent? What's the weight of the parcel? How big is it? What are these samples? How many samples are there in that parcel? Is there also a letter? How much did the Irish company pay to send that urgent parcel? How long was its delivery time? Why has Mrs Arnold never seen any samples from that company? Who will give the samples? Why can't Jill give Mrs Arnold the samples before noon? Why can't Sharon give them either? Why doesn't Sharon work on Wednesdays? Whose assistant is Sharon? What does Mike suggest to do before giving Mrs Arnold the samples? Why can't they phone her? What does Jill suggest do do instead of phoning Mrs Arnold during the meeting? What time is the next break? How long must they wait before Mrs Arnold has a break? Who will eventually give Mrs Arnold the samples? Where is room 37? Which floor is it on? Why does Jill suggest Mr Goldworth's secretary should take the samples to room 37? How long will the next coffee break be? How many mugs should there be on the tray? What should you find on tray for a coffe break in order to please everybody? Why is there no coffee machine in room 37? Where can people smoke during a coffee break? Why does Mike wish Jill good luck? Where will they meet again? What for?

Dialogue 14

- Excuse me, Sir...
- Yes, miss. Can I help you?
- Well, I'm Sonia Clark. I'm a new student at Watford College, but I'm here for the first time and I don't know the town at all.
- I see. So, what do you want to know?
- Do you know the way to Watford College?
- From here?
- Yes, from the station, if possible.
- Are you on foot?
- Of course I am. Is Watford College very far from here?
- I'm afraid it is. The station is in the north, and Watford College is in the south-west, you see. If you're on foot, it's going to take you three quarters of an hour.
- Really? But I've got an appointment with Professor Brown at 5.30, and it's five past. Is it quicker by bus?
- I don't think so. There are a lot of cars today, because it's market day in the town centre.
- What can I do then?
- I don't know Miss. I can't help you. My colleagues only come at 6 with the police van. I think you must take a taxi if you can find one...
- No, a taxi is too expensive for me, sir...
- Why not phone the college then? Maybe Professor Brown can wait for you until 6 or 6.30? There's a phone box near here, between the station and the car park.

Questions : (Imagine your answer when necessary)

Who is Sonia Clark? Who is she asking for help? Where are they? What does she want to know? Why doesn't she know the way to Watford College? Why is she looking for that address? What time is it? Why will she be late for her appointment at Watford College? Who is Professor Brown? What speciality will Sonia study at Watford College? Where will Sonia sleep tonight? Why is Sonia on foot? How long was her train journey? Why didn't she take an earlier train or come yesterday? Does she have any luggage? What time is her appointment? How did she lose her mobile phone? What is public transport like in this town? Why doesn't the policeman advise her to take the bus? How can a taxi be more efficient than a bus, in spite of the traffic jams in the town centre? Why is there so much traffic down town today? Why doesn't Sonia try to go hitch-hiking? What would the policeman probably suggest to do if it was 6 p.m.? Why must he stay here? Why didn't Sonia buy a map of the town or check her route on the web before coming? Why isn't the policeman sure Sonia can find a taxi to go to Watford College? How late will she be at Watford College if she tries to go there on foot or by bus? Why can't Sonia take a taxi, even if it may be the best solution to arrive on time? What should Sonia do, according to the policeman? Where can she phone Pr Brown from? How much time has Professor Brown planned to dedicate to Sonia's appointment? Will Professor Brown be able to delay Sonia's appointment? (Why/Why not?) Have you ever been late for any important event, meeting or appointment, up to now? Are you more often late or early? When were you late last? Why were you late? How can you prevent people from being late if you don't like that at all? What circumstances can usually excuse a person for being late? How late can you decently be?

Dialogue 15

- You're going to the town centre this morning, aren't you, Nick?
- Yes, Margaret, but…how do you know?
- Mary says you're going to meet a friend at the Tower Pub.
- That's right. Do you need a lift?
- No thanks. I must stay at home because I'm waiting for a phone call from Africa. Can you buy some food for me?
- Of course Margaret. What do you want?
- Er…I'd like you to buy two pounds of oranges, three pounds of apples, and…
- Granny Smiths?
- No, I prefer Starkings. But please, don't go to the supermarket. The best fruit is at Mr Hamad's, you know, the yellow shop between the post office and the bank.
- OK. Is that all, Margaret?
- No, Nick. I need some ham and a chicken, as well. Five slices of ham and a Green Label chicken. You can find all that at the butcher's opposite the post office.
- Ham and chicken…OK…
- And if you can, I mean, if you have the time, I'd like to have today's paper, with a copy of Woman's Weekly. The newsagent's is in Nelson Road.
- Nelson Road? Where's that?
- Well, if you take the avenue opposite Mr Hamad's fruit shop, Nelson Road is the second street on the left, and the shop is next to a pub…isn't it the Tower Pub?
- No, Margaret. The Tower Pub is opposite the bank, in Wilson Street.

Questions : (Imagine your answer when necessary)

What is Nick going to do this morning? How will Nick go to the town centre this morning? How does Mary know Nick will meet a friend in a pub? When did she tell Margaret about it? Who is the friend Nick is going to meet at the Tower Pub? Why do they prefer to meet at the pub? Why does Nick offer to drive Margaret downtown? Why can't Margaret accept Nick's offer? Who is supposed to phone Margaret this morning? Why doesn't Margaret try to phone from here? Which African country will the phone call be from? How often is Margaret phoned from Africa? What would Margaret like Nick to do for her downtown? What does she want Nick to buy? Why doesn't she want Nick to buy her fruit at the supermarket? What's a Green Label chicken? What could Margaret make with apples or oranges if she wanted to cook them? How does Margaret intend to cook the chicken? What will she serve the chicken with? Can you draw a detailed map (with all landmarks) to show where the fruit shop is exactly? Why doesn't Margaret give Nick any money for her shopping? How much will Nick spend? Why doesn't Margaret explain to Nick where the butcher's is located? How far is it from the pub? Why isn't Margaret a regular subscriber to Woman's Weekly? How often does she read it? Why doesn't Nick know where the newsagent's is? What's the headline on today's paper? Will Nick go shopping for Margaret before or after meeting his friend? (Why/Why not?) Why is Nick's favourite pub called the Tower Pub? How long will he stay with his friend? Why doesn't he go to the pub in Nelson Rd? Should all shops be open on Sundays in your opinion? How can Nick remember all the food items he will have to buy for Margaret? Why can't Margaret go shopping this afternoon, instead of asking Nick for help? Where's Mr. Hamad's from? What are the opening hours of his fruit shop? What will Nick be able to buy for himself when he goes to the newsagent's for Margaret?

Dialogue 16

- Excuse me, please…
- Good morning, sir. Can I help you?
- Yes. I'm Joe King, from Birmingham. I have a ticket to London on British Airways, and I'm looking for gate 14.
- It's the third gate on the left after the cafeteria. What time is your flight?
- Let me see on my ticket. I think it's at 10.30…er…no, 10.35, actually. Can I leave my luggage near your counter?
- Of course, sir. But you must leave your suitcase at the British Airways counter half an hour before taking off, you know…
- I know, thank you. But it's only quarter to ten, and I'd like to phone a friend before leaving. Is there a phone box near here?
- There's one opposite the cafeteria, between the toilets and the left luggage office. But are you sure your plane is taking off today?
- What do you mean?
- I mean British Airways stewards are on strike this week, and 60% of their flights are cancelled…
- Really? And do you think my flight is cancelled?
- One moment, sir. I can check on the computer…let's see…What's your flight number?
- Er…B.A.6005…
- B.A.6005…No problem, sir. Your plane isn't cancelled. But don't miss it because of your phone call!
- Thank you very much.
- Not at all, sir. You're welcome.

Questions (Imagine your answer when necessary)

Where is this conversation taking place? Why is the gentleman addressing this hostess? Why does he need to go to gate 14? Does he have a single or return ticket to London? (Why? / When did he book his flight to London? How much did he pay for his flight to London? Why is he travelling alone? What is he going to London for? How long will he stay in London? Why did he choose to ask that particular stewardess for help? What's that stewardess like? What would he like to do before taking his plane to London? How much luggage does he have? Why hasn't he registered his luggage yet? How did he come to this airport? Why can't he use his mobile phone? What can passengers do at the left luggage office? Why isn't the hostess sure this gentleman can fly to London today? Why may that flight be cancelled? How many British Airways stewards are on strike? What do the stewards require to go back to work? Why did they have to go on strike? What is the consequence of the steward's strike? Why is that passenger very lucky? How can the stewardess make sure that Mr King's flight isn't cancelled? Why does the gentleman prefer to leave his luggage near this counter before phoning his friend? Have you ever experienced any flight cancellation as a passenger? In what circumstances? Have you ever experienced any delayed flight? How long did you have to wait before taking off? Why are flights occasionnally cancelled or delayed? Why do you never travel first class? What's the maximum weight normally allowed for luggage? How often do you take a plane? What can the company do for passengers when a flight is either delayed or cancelled? Which company do you prefer to fly on? What do you think of charter and low-cost flights? How do you usually reserve your flights? Have you ever had any trouble with the customs? Why do more and more passengers book their flights on web sites? Can you sleep on a plane?

Dialogue 17

- What are you doing this summer, Clara?
- I'm going to Spain this year.
- When are you going?
- On July 8th.
- Who with?
- With my brother Andrew, my sister-in-law and their three children.
- I see. And do you know where you're going to stay?
- I think Andrew's got a reservation for three weeks in Laredo.
- Where's that?
- In the north of Spain, on the Atlantic coast.
- Are you going to live on a campsite?
- No, because Fiona, I mean, Andrew's wife, doesn't like camping. So we're going to stay at the Miramar Hotel near Laredo.
- Good Lord! Your brother must be rich! What does he do?
- He's the manager of a building company in Norwich.
- So you're going to visit Spain, meet Spanish people and live like a millionaire!
- Not really, Bill. In fact, I'm going with them to babysit for their children. I want to make some money to buy a bike.
- Why do you want to buy a bike?
- Well, I'd like to go camping with my friends from university. We're going to spend three weeks in Wales, in August, near Mount Snowdon.
- Then you must buy a mountain bike, Clara!

Questions : (Imagine your answer when necessary)

Where will Clara go this summer? Has she visited Spain yet? How long will she stay in Spain? When will she come back from Spain? How will she go to Laredo? Who will she go with? Why is she going to Laredo with her brother's family? Why won't they stay on a campsite? How old are Andrew's children? Why do Andrew and Fiona need a babysitter? Why did they choose Clara as a babysitter? Why did Clara accept to babysit for their children? What will the family do in Laredo? How will they enjoy their summer holiday in Spain? Why do Andrew and Fiona prefer to stay in a hotel? Why don't they rent a flat or a house? How much will they spend for their holiday in Spain? Why is Andrew rich enough to pay? How much money does Clara need to buy a bike? What does she want to have a bike for? How did Andrew and Fiona choose the Miramar hotel? Why didn't they choose the Costa Brava? Why won't Clara stay in a hotel when she goes to Wales with her friends from university? How long will Clara spend in Wales with her friends? What is she studying at university? Why should she buy a mountain bike, according to Bill? What does Andrew's company build? What will Bill do next summer while Clara is in Spain or in Wales? Does he have a summer job? How far is Spain from Norwich, in your opinion? What is a good babysitter supposed to do? Have you ever been a babysitter? Have you ever used a babysitter for your own children? Why do more and more parents need a babysitter? How much do you pay a babysitter? Why do students often look for a summer job? What sort of summer jobs are usually available? How would you choose a babysitter now? What is a good summer hotel like? Why is Spain a better place than Wales for camping? What do tourists usually eat in Spain? When did Andrew make his reservation for Laredo? Why won't the family stay for 4 weeks? How does Clara know Fiona doesn't like camping? What does the name " Miramar " suggest?

Dialogue 18

- Tell me, Mark. Are you going to Spain in August, as usual?
- No, Sarah, not this year, I'm afraid.
- Why?
- Because we're going to buy a house in Stamford. In fact, we're meeting the owners on Tuesday evening.
- But you don't work in Stamford, do you?
- No, I don't. But it's only 15 miles from here, and that house is a fantastic opportunity.
- What is it like?
- Well, it's got a big garden for the children, five bedrooms and a double garage. All for about £45,000!
- Really! And what's the living-room like?
- Oh, it's the biggest room, of course. I think I've got a few photos here in my jacket. Do you want to have a look?
- Yes please, though I prefer living in a flat, as you probably know.
- Here it is. Isn't it lovely?
- It certainly is, Mark, but...what's that old building? Isn't it Nelson Tower?
- It is, Sarah. Actually, the address is 34, Nelson Drive. Do you know that area?
- Of course I do. I'm an architect at Simpson's, you know, and we're working on a new project for that area.
- Really? And what's the project about?
- It's about an airport and a motorway connection. I'm afraid your house is a trap!

Questions : (Imagine your answer when necessary)

Where does Mark usually go on holiday every Summer? Which part of Spain does he prefer? Why isn't he going to Spain this year? What must he do with the owners on Tuesday evening? Why does he want to buy a house? How did he manage to find that particular house? Why is he interested in that particular house? Is he negociating with an estate agent? Why are the owners selling their house? How much are they selling it for? How many photos of the house does Mark have in his jacket? What are they for? Assuming Mark has just shown you the photos, can you describe the one you prefer? Why does Sarah prefer living in a flat? When did Mark take the photos of the house? What are the surface areas of the house and the garden in square meters? How does Sarah recognize the Nelson Tower area? How does she know that area? When was Nelson Tower built? How old is it now, then? How high is this tower? What was Nelson Tower built for? How far is the tower from Mark's future house? Will Nelson Tower be demolished because of the airport project? Why/Why not? Why is Mark very lucky to meet Sarah now? What's Sarah's current job? Why doesn't Mark know about the airport project? When will the airport be inaugurated? How did the owners get informed before everybody else? What should Mark do now? What would Mark have to do if he bought that house in spite of the airport? Who are the owners in Stamford? How long have they been trying to sell their house? Who was Nelson? Where did he die? Do you know the name of his last war ship? Have you ever bought any house or flat? How did you come across that opportunity? Do you prefer to buy or sell a house or a flat with or without an estate agent's help? How can you check everything and avoid traps before buying a house or a flat?

Dialogue 19

- Torquay 244761…
- Hello! I'd like to speak to Tony Watson, please.
- I am Tony Watson. Who's speaking?
- I'm a friend of your daughter Rosemary. Perhaps you know me : I'm Sandra Wilkins, from York.
- Oh yes, I see. You're the blond girl on the photos from Scotland, aren't you?
- That's it, yes…er…your daughter isn't at home, is she?
- No, she isn't…but…what's the matter? Don't you want to speak to her?
- No, Mr Watson. I know she works at the shopping centre on Saturdays. That's why I'm phoning you now, actually.
- Well, I'm listening to you. What is it about?
- I'm just phoning about her birthday. It's on Friday, isn't it?
- That's right.
- Well, I'd like to come to her birthday party in Torquay this time.
- Really? You mean you can be with us on Friday? That's great!
- Yes. She invites me every year, and this time I can come. But I'd like to give her a surprise.
- Don't worry, Sandra. I won't tell her. What time are you coming on Friday?
- About 3 p.m. Can you tell me what sort of present she'd like?
- Well, we're buying her a second hand Mini, but the seats aren't very clean. Why not buy her a set of seat covers?

Questions : (Imagine your answer when necessary)

Who is phoning the Watsons? Why doesn't Mr Watson recognize the voice on the phone? Why isn't Mrs Watson answering the phone call? Where is Sandra Wilkins phoning from? How does Mr Watson know Sandra is a blond girl? Why does he remember the photo so easily? Where was the photo taken? What were Sandra and Rosemary doing together in Scotland? What day is it? What is Sandra Wilkins phoning about? Why is Mr Watson surprised? Why doesn't Sandra want to speak to Rosemary? Where is Rosemary during this phone call? Where does Rosemary work exactly? What does her Saturday job consist in? How long does she work every Saturday? What time does she start and finish her work day? How much does she earn every Saturday? Why does she need to work on Saturdays? What does she do with the money she earns every Saturday? How does she spend it? How old do you think Sandra and Rosemary are? How do they know each other? What is Sandra's surprise for Rosemary? How long have they been friends? Why couldn't Sandra come to Rosemary's birthday before this year, though she was invited? How will Sandra come to Torquay on Friday? How far is Torquay from York? Why won't she come by train/plane/car? What time will the birthday party start on Friday? How many people are invited to Rosemary's birthday party? Why is it organized on a Friday? What present will Mr Watson offer his daughter on Friday? How old is the second hand Mini? Why doesn't Mr Watson buy Rosemary a new car? What's the mileage of that second hand car? What does Mr Watson advise Sandra to buy for Rosemary? Why does he suggest seat covers? What colour is the Mini? What colour would you choose for the seat covers if you were Sandra? What other presents will Rosemary get on her birthday, which could be useful for driving? When did Rosemary pass her driving test?

Dialogue 20

- Excuse me, madam...do you know if Mrs Brown is in Manchester this week?
- I think so. Let me check on the timetable. Yes...she's working in Manchester from Monday to Thursday.
- When is she coming back to Liverpool?
- On Thursday night, I suppose.
- Do you think I can meet her on Thursday night?
- I'm afraid you can't. She's having dinner at the badminton club.
- At the badminton club? Springfield Club, you mean?
- Yes. She's a member of the Springfield Association, you know. And they meet every three weeks at the club restaurant.
- I see... And what about Friday, then? Can I meet her on Friday morning?
- I don't think so. She must welcome three doctors from Australia. They want to visit the hospital with her. And a complete visit usually takes two to three hours.
- Too bad. And what about Friday afternoon?
- Well. She usually has lunch with Professor Baldwin and a few assistants and nurses. Then, let me see...oh yes. There's a department meeting from 2 to 4.30. Maybe she can meet you at 5, if you want. Just give me your name and phone number, please.
- I'm Kevin Bromhead, from St Patrick's Clinic in Galway, and...
- Really? Then I think I've got a message for you... Look, it's from Mrs Brown. She wants you to meet her in Manchester on Wednesday afternoon.

Questions : (Imagine your answer when necessary)

Does this conversation take place in Liverpool or in Manchester? Where does Mrs Brown work? What makes you think Mrs Brown works in both towns? Do you think she's a doctor? Assuming Mrs Brown works in both towns, which town does she prefer to live in? Why? How does she go to the other town every time she has to work there for a few days? Why does she prefer that means of transport? Why doesn't she live half way between these towns? Where does Mrs Brown eat and sleep every time she has to work in Manchester/Liverpool? How can the secretary tell Mr Bromhead where Mrs Brown is at the moment? Why can't Kevin meet Mrs Brown on Thursday night? What will she be doing on Thursday night? How does Kevin know the Springfield Club in Liverpool, although he's from Galway in Ireland? How often do the members of the club meet, and what for? Who will visit the hospital on Friday? How will Mrs Brown organize Friday morning's visit? Where will she have lunch, and who with? Why are 3 Australian doctors coming to visit that hospital? What's Professor Baldwin's speciality? How long will Friday's department meeting be? What will this week's meeting be about? What should Kevin and the receptionist have done at the beginning of this conversation? How does the receptionist know Mrs Brown wants to meet Kevin on Wednesday afternoon? 16) Why do Kevin and Mrs Brown need to meet? How will Kevin go to Manchester on Wednesday? Is it a private or professional meeting, in your opinion? What does Kevin do at St Patrick's Clinic? Assuming you are a member of the Springfield club, how long have you been a member? How many members are there in this club? How much is membership for a year? How often do you usually play? When exactly? How long each time? Who do you play with? How many different sports are available in this club? How old are the members?

Dialogue 21

- Excuse me, sir. Could you answer a few questions, please?
- Who is it for?
- It's for the Daily Telegraph and Radio Four. Do you listen to the radio every day?
- Yes, I do, but I don't usually listen to Radio Four, I'm afraid.
- It doesn't matter. Which radio do you listen to?
- The BBC, of course. I mean, Radio Three, and sometimes Radio Mersey for local News.
- Do you listen to the Radio at home, at work or in your car?
- In the car, usually. Either on my way to work in the morning, or when I come back home at 5.30.
- I see. How long is it each time?
- About twenty minutes.
- Which programmes do you prefer?
- Well, I think the radio is very good for fresh news, particularly when you don't have time to read the newspapers every day.
- What about music?
- I like listening to classical music, but the sound isn't very good in a car. And most radios only give you disco music and stupid songs. They're only good for teenagers.
- I suppose your children have a different opinion.
- Oh yes, unfortunately. They switch on the radio to do their homework!
- And what about your wife?
- My wife! She speaks all the time, even when I'm listening to the radio.!

Questions : (Imagine your answer when necessary)

Where is this interview taking place? What was the gentleman doing just before this interview? What is this street survey or opinion poll about? Who pays the interwiewer and her company? How long does the gentleman listen to the radio every day? How far does he work from home? Why doesn't he listen to classical music while driving? Why does he listen to Radio Mersey? What are most radios useful for, according to him? Why can't he read the newspaper every day? What does the gentleman mean by " fresh news "? Why doesn't he like most radios? Why is the interview interesting for the lady, even if that gentleman isn't a Radio Four listener? Why doesn't he listen to the radio at home or at work? What's the problem with his wife? What does he think of teenagers' musical tastes? When do his children usually listen to the radio? What can this gentleman's family do when they are together in the car for long trip? Have you ever been interviewed in the street? What do you think of opinion polls and surveys? When do you personally pay attention to statistics and figures given by the media? Do you prefer reading, watching or listening to daily news? Why? How long each day? Are you a subscriber to any newspaper or magazine? Which radio do you personally listen to? Who is your favourite journalist or radio/TV presenter? What are the qualities of a good journalist? Are you personally able to work with a radio or TV background? Why /¡ Why not? What are the advantages and drawbacks of a walkman or MP3 or I-pod, in your opinion? If you could pay and manage an opinion poll or statistical survey, what would it be about? Do you like DVD players for children, either in their bedroom or in the family car? Why/Why not? When can listening to the radio become dangerous while driving a car? What about a GPS? Have you got a GPS in your own car? Why/Why not? Who is a GPS useful for, and what for?

Dialogue 22

- Waiter, please!
- Just a minute, please, I'm coming, madam………..Good evening. What can I do for you?
- I'd like to order a speciality. What dish would you recommend?
- Er…We have a very nice fish soup today, as we usually do on Fridays. And after that, you could have a slice of tuna fish with a white wine sauce.
- Mmmm…I don't really like fish, I'm afraid. Can you recommend a meat dish?
- Of course. Our best meat dish is the Yorkshire Beef Pie. It's served with mashed potatoes and carrots. The sauce is a mixture of red wine, cream, onions and mushrooms. It's delicious.
- I suppose so. I'll have a Yorkshire Beef Pie, then.
- What about the starter, madam. Are you having a starter?
- Why not? Perhaps one of your salads? What's Bernie's Mixed Salad?
- It's a very refreshing lettuce with a mixture of exotic fruit and hot bacon. But people like it very much and I must see if we've got some left in the kitchen.
- Well, never mind. If there's none left, just bring me a Spanish Salad.
- OK…Do you want some wine with your meal? The wine list is here… As you can see, we have 45 different wines imported from France, Spain, Italy and California.
- California, you say? What's Californian wine like?
- It's just as good as the best French wines, madam. And not so expensive. I particularly recommend the Santa Fe Ranch. Shall I bring a bottle, or a half bottle?
- A bottle, please : I'll finish it with some French cheese after the main course. I'm starving!

Questions : (Imagine your answer when necessary)

What does the waiter recommend to have on Fridays? Why is fish fresher on Fridays? Why does he suppose the lady will prefer a fish dish? What's today's fish dish? Why does the waiter have instructions from the kitchen to recommend a fish dish? How do we know it is dinner time? Why is the lady having dinner alone? How do we know it is the first time the lady has been to this restaurant? How did the lady manage to find the address of that restaurant, if she doesn't know this town? How many French wines are available on the wine list? What about the other countries? Has the lady ever tasted Californian wine before? What will she have after the main dish? Why does the waiter recommend a bottle of Californian wine? Which brand does he recommend? How much should the lady pay for her meal, in your opinion? How much will she give for the tip? What must the waiter check in the kitchen? Why isn't he sure about Bernie's Mixed Salad? Why doesn't the lady ask what a Spanish Salad is? Do you think this lady drinks too much? What should you find in a Spanish Salad? How will the lady pay for her meal? What dishes would you choose if you were having dinner with that lady in this restaurant? Do you often have lunch or dinner alone in a restaurant? (Why/Why not?) Why can we suppose this lady didn't eat at lunchtime? Why couldn't she have lunch today? Could you describe this restaurant? What's the room like? Who are the other clients? How long will the lady's dinner be? What will she do after having dinner in this restaurant? Why do people drink less wine than before in most restaurants? What's your favourite wine? Imagine you had to tell the lady where the toilets are, from her table : what would you tell her? Have you ever tasted Californian wine? Do you agree with the waiter about Santa Fe? If you had to design a new label for a fine bottle of wine, what would it be like?

Dialogue 23

- Hello? Is that Andrew Miller?
- Yes. It's me. I'm sorry, the line isn't very good...Who's speaking?
- It's Barbara, I mean, Barbara Doolittle, from Peterborough.
- Oh! What a surprise! How are you, Barbara?
- I'm very well, thanks. I suppose you know we've got a new house in the country. That's why we're phoning you and Nancy, actually. We'd like to invite you with a few friends from the university. Can you come and have dinner on Saturday 14th?
- Of course, Barbara! You know how much we like your cooking! Are you going to make Burgundy Beef again?
- I don't think so, Andrew. I've got a new recipe and I'm sure you'll like it. But don't worry, it'll be a French dish, as usual.
- Great! What time can we come on Saturday 14th?
- Well, I'll have to do some shopping for the children in the afternoon, and George must drive Tommy to the football club and back. But why not come, say, at 6.30?
- OK. I'll tell Nancy about it, because maybe she'll be going to her drama club on the 14th. She usually goes there every two weeks, you know, and it's from 4 to 7 p.m.
- It doesn't matter, Andrew. You can come any time between 6.30 and 8.30. Is that OK?
- No problem, Barbara. We'll certainly come before 8.30.
- Good. Anyway, I don't think the Palmers and the Flints can come before 7.30, so...
- The Palmers? You mean you're inviting the Palmers with us? I'm afraid Nancy won't like that at all!

Questions : (Imagine your answer when necessary)

Why is Barbara phoning the Millers? Why doesn't Andrew recognize Barbara's voice? What time is it during this phone call? Why can't Andrew's wife answer this phone call? Where does Barbara want to invite the Millers, and why in that particular place? Why do the Doolittles prefer to invite their friends on a Saturday evening? How many people do the Doolittles want to invite to their house warming party? How to the Doolittles' friends know one another? Why is Andrew so enthusiastic at first? Why is Barbara able to cook French dishes? What did she cook last time she invited Andrew? What will Barbara have to do for her children on Saturday afternoon? What about her husband? What will Andrew have to check concerning his wife's planning for Saturday 14th? How can we say that Andrew isn't really interested in his wife's drama club? What play is Andrew's wife rehearsing? What character will she act in that play? How long does Nancy's club rehearse their play every two weeks? When is their show for? What difference will it make if Nancy has to go to her drama club on Saturday 14th? Why isn't Andrew a member of the drama club? Why can't he assist his wife with the stage set? What does Andrew prefer to do every time his wife is at the drama club? What's the problem in the end? Is Andrew telling the truth? Why doesn't Nancy like the Palmers? What can Barbara do to solve this problem, if she has already phoned the Palmers and the Flints? How would you react if you were invited with people you didn't like at all? Why doesn't Barbara know Nancy doesn't like the Palmers, since they were together at university? Have you ever acted a character in a play or a show? How often do you go to the theatre? What is your social life like? How often do you have dinner parties? Are you a club member? Could you explain the recipe of Burgundy Beef, with all the ingredients you need for that dish?

Dialogue 24

- Good morning, sir.
- Good morning, Mr Renaldo. I'm Jack Hamilton. You probably don't know me, but my wife usually buys her food here…
- Oh yes, of course! Mrs Hamilton is one of my best customers. How is she?
- Very well, thank you. She's in Malta with her parents this week. But they're coming back tomorrow and I must buy some food to welcome them. So I'm shopping for the first time in twenty years!
- I see. And what shall I give you then, Mr Hamilton?
- I'd like some meat, vegetables and fruit, that's all.
- That's to say?
- Well, you know what my wife usuallly buys, don't you?
- Er…yes, of course. But people usually tell me what they prefer to buy. Fresh food is different every week, you know, and prices can also be different.
- Well, in that case, I'd like a few slices of ham, say…6 slices. And how much are those lamb chops?
- £6.50 a kilo. It's prime lamb from Ireland.
- And how many chops must you buy for three adults and two children?
- Well, two or three chops a person, normally. Why not buy 15, for instance?
- Mmm… Yes, why not…and how do you cook them?
- Well, I'm sorry, Mr Hamilton, but these ladies are waiting behind you, and I'm afraid I can't give you a cooking lesson!
- Oh, sorry! You're quite right, Mr Renaldo. Never mind, I'll take them all to the restaurant.

Questions : (Imagine your answer when necesssary)

Why doesn't Mr Renaldo know Mr Hamilton? Why is Mr Hamilton shopping for food today? Why does Mr Hamilton never go shopping for food? What does he do while is wife is shopping? Do you know where Malta is? Do you know the capital city of that little island? How often does Mrs Hamilton come to Mr Renaldo's shop? Why does she prefer that shop? Who is his wife with in Malta? Why isn't Mr Hamilton in Malta with his wife? How long has Mrs Hamilton been in Malta with her parents? How did they go to Malta? Where do you think the children eat and sleep, if they are not with their mother in Malta? Where does Mr Hamilton have lunch and dinner when his wife is away, since he can't cook? Why does Mr Renaldo need more details about what Mr Hamilton would like to buy? What does Mr Hamilton feel like buying in Mr Renaldo's shop? Where is the lamb from? Why does Mr Hamilton want to buy <u>six</u> slices of ham? What does " prime lamb " mean? Why does Mr Renaldo recommend to buy 15 lamb chops? Do you think it's enough or too much? How many people will be eating together, assuming the Hamiltons' children will be present? Why does Mr Hamilton order lamb chops for only 5 people instead of 6 people? Why can't Mr Renaldo give Mr Hamilton a cooking lesson? How many people are waiting? What's Mr Hamilton's final decision? Why does he prefer to take them all to a restaurant? Do you think men and women who go shopping for food buy the same things? Why/Why not? How often do you go shopping for food? Where do you buy most of your daily food? Why? What's the difference between shops and street markets as regards fresh food, in your opinion? How would you cook lamb chops if you were Mr Hamilton? What would you serve them with? Which restaurant will Mr Hamilton take his family to? What will his wife bring him from Malta? What should Mr Hamilton do as soon as possible if the restaurant is very popular or famous?

Dialogue 25

- Good afternoon, Mrs Campbell. May I introduce myself : I'm Nigel Stark, your neighbour.
- Oh, I'm glad to meet you, Mr Stark. I didn't know you were moving this week.
- Well, in fact, we moved last weekend, but you weren't at home, apparently.
- That's right. We went to Bristol to see my brother-in-law's family. Tell me, where did you live before buying Miss Wilkins's house?
- We had an old flat in the town centre, in Cornwall Street, next to the Midland Bank.
- I see. And I suppose you bought this house to have a little more room, didn't you?
- Exactly. We only had three bedrooms, and the nearest park was opposite the station. It was near my office, but not very convenient for a family with four young children.
- Of course. Anyway, I'm sure you'll like Maple Park. It's the best area in Bath. We have a playground, a swimming pool, a primary school, and I suppose you know there's a new shopping centre two miles from here, on the way to Bristol.
- Yes. That's where my wife will work from next week, actually.
- Really? What's her job?
- She'll be a shop assistant at the baker's opposite the supermarket. That's why we bought this house. I don't mind taking the bus to go to work, if she's got the car.
- Mind you, there aren't many buses in the area, particularly at weekends.
- Well, maybe we'll buy a second hand car, if necessary.
- I can see you've got as much money as you want! What's your job?
- I'm a surgeon at St Patrick's Clinic.

Questions : (Imagine your answer when necessary)

Why does Mr Stark need to introduce himself to Mrs Campbell? What are they from now on? Why didn't Mrs Campbell notice when the Starks moved in? What was she celebrating in Bristol? Why did the Starks move in during a weekend? Who helped them move in last weekend? What did the Starks probably need to move in? Why didn't they use a removal company? Why did Miss Wilkins sell her house? How much did the Starks have to pay for that house? Why did the Starks need to move from a flat to a house? How did they manage to find that house? Why is Mrs Campbell sure the Starks will like Maple Park? Why is it the best area in Bath? What will the Starks' children be able to do on the playground or at the local swimming pool? What was the only advantage of their former address, particularly for Mr Stark's everyday life? What will be different in Mr Stark's everyday life from now on? (in the morning, at lunchtime, in the evening?) Where will Mr Stark have lunch, and who with, from now on? What will the Starks have to buy? What will Mrs Stark do at the shopping centre? What will her new job actually consist in? Do you think Mrs Stark wants to work or has to work? What makes you think so? How did Mrs Stark find that job opportunity? What will she do with her future salary? How will she have to organize herself with four young children and a full time job? Who will babysit the Starks' children after school? Why will they need a second car? What is Dr Stark's speciality at St Patrick's Clinic? How did he meet his wife? Who will take care of the garden and when? How long did the Starks live in their former flat? How long will Dr Stark need to commute to work and back? How old are the Starks' children? What would your personal limit be as regards the distance between your home and working place? Why do more and more people live away from the town centre? What are the consequences? How long is your daily commuting? What means of transport do you prefer?

Dialogue 26

- Tell me, Mrs Hoover...what were you doing when the accident happened?
- I was leaving the petrol station, and I was watching the traffic. There were a lot of cars coming from the motorway. So, as I couldn't start for a moment, I was looking at the next crossroads.
- And that's when the accident happened, I suppose?
- Yes sir. The traffic light was red first, then it turned green, and most of the cars coming from the motorway went straight on into Oakley Avenue to take the bridge. Suddenly a black car came from the town centre, that's to say from Fox Street, on your right.
- What car was it?
- I don't know much about cars, but my husband said it was a French car.
- Do you mean a car made in France, or a French driver?
- Both, actually. My husband said it was a Peugeot 205, and even noticed part of the registration number.
- That's to say?
- Well, he's sure the letters were D.E.J. and the last number was 75.
- Mmmm... It must be one of those mad French drivers from Paris! So, what happened next?
- The black car bumped into the white Rover, then the cars behind the Rover bumped into one another, and the black Peugeot simply went away as quickly as possible, with a big dent in the driver's door. It took Exeter Road, just opposite Fox Street.

Questions : (Imagine your answer when necessary)

Why is the policeman interviewing Mrs Hoover? How is she involved in this car accident? What was Mrs Hoover doing just before the accident? Why couldn't she leave the petrol station? Why had Mrs Hoover stopped at the petrol station? How much petrol had she bought? (Gallons) Where was most of the traffic coming from and going to? Why was there a traffic jam? Why can't the police interview the driver who caused the accident instead of asking Mrs Hoover? Where did the black car come from? Why does Mrs Hoover suppose the driver was French? Why didn't the black car stop when the traffic light turned red for people coming from Fox Street? Why didn't the black car stop after causing the accident with the white Rover? Could you draw a precise street plan showing the motorway, the petrol station and the crossroads? What can the police do to find the dangerous motorist who caused that accident? What is Mrs Hoover's husband doing during this interview? How could he see the car number? If Mr Hoover couldn't see such details from the station, what was he doing near the crossroads? Who was driving the white Rover? Was anybody injured because of that accident? How so? What are the material damages on the white Rover? How much will the necessary repairs cost? Why did most cars need to go straight on into Oakley Avenue? What is the bridge for? Why did the black car take Exeter Road to go away? Who could be driving that black car? Have you ever seen or caused, or been the victim of a car accident? In what circumstances? What are you supposed to do immediately after seeing an accident? What can you do later on? Do you approve of speed limits and radar controls? What usually causes car accidents? Have you ever been stopped by the police? Have you ever had to pay a fine? What had you done? Why do French motorists have such a bad reputation in Europe, in your opinion? Have you ever driven a car on the left side of the road?

TRADUCTION INDICATIVE INTEGRALE

Dialogue 1

- Qui est votre meilleur ami, Mark ?
- Mon meilleur ami s'appelle Andrew Norton.
- Vous le rencontrez régulièrement ?
- Oh oui, bien sûr ? Nous nous rencontrons chaque semaine, le samedi matin.
- Pourquoi le samedi matin ?
- Parce que nous jouons au squash ensemble au Club de Sutton chaque samedi matin.
- Connaissez-vous la famille de votre ami ?
- Oui. En fait, je rencontre les filles d'Andrew au club de squash parce qu'elles viennent habituellement avec leur père pour jouer au squash avec nous.
- Et sa femme ?
- Eh bien, sa femme ne joue pas au squash. Je crois qu'elle n'aime pas ce sport.
- Je suppose qu'elle préfère faire la cuisine pour le repas de midi...
- Non. Sandra ne cuisine pas le samedi, parce qu'habituellement, les Norton déjeunent chez la mère d'Andrew. Elle fait les courses au supermarché.
- Je vois ? Et combien de temps jouez-vous au squash chaque samedi ?
- Environ deux heures, de 9h à 11h, parce que les Norton déjeunent à midi pile.
- Rencontrez-vous de nouvelles personnes au club ?
- Oui, particulièrement des Français et des Espagnols de l'Ecole de Langues de Sutton. Mais les filles d'Andrew n'aiment pas jouer avec des gens qu'elles ne connaissent pas. Elles préfèrent jouer avec moi ou avec leur père.

Questions : (Imaginer sa réponse si nécessaire).

Comment Mark et Andrew Norton se connaissent-ils ? (Comment et quand se sont-ils rencontrés ?) Cela fait combien de temps qu'ils sont amis ? (En quelle année sont-ils devenus amis ? Il y a combien de temps de cela ? A quelle fréquence Mark et Andrew se rencontrent-ils ? Quand se rencontrent-ils ? Où se rencontrent-ils ? Pour quoi (faire) se rencontrent-ils ? Pourquoi préfèrent-ils se rencontrer et jouer au squash le samedi ? Pourquoi pas le dimanche ? Avec qui Andrew vient-il au club ? Pourquoi ? Pourquoi Sandra ne vient-elle pas au club avec son mari et ses filles ? Pourquoi Sandra ne cuisine-t-elle pas de déjeuner le samedi ? Qu'est-ce que Sandra préfère faire le samedi matin ? Pourquoi Andrew et ses filles doivent-ils arrêter de jouer au squash à 11h ? Que doivent-ils faire après avoir joué au squash et avant d'aller chez la mère d'Andrew ? Qu'est-ce que Sandra achète habituellement au supermarché ? (Articles et quantités) Avec qui Mark joue-t-il au squash ? Qui est le meilleur joueur la plupart du temps ? Pourquoi Mark ne peut-il pas jouer avec des Français et des Espagnols de Langues de Sutton ? Que font les étrangers dans cette école ? Combien de temps y restent-ils d'habitude ? Quel sport pratique la femme de Mark si elle n'aime pas le squash ? Combien de temps les Norton restent-ils chez la mère d'Andrew chaque samedi ? Pourquoi les filles d'Andrew n'aiment-elles pas jouer avec des Français ou des Espagnols ? Combien Mark et Andrew paient-ils chaque fois qu'ils veulent jouer au squash ? Combien de personnes sont membres du Club de Sutton ? Combien coûte la cotisation annuelle ? Quel sport préférez-vous personnellement ? Etes-vous membre d'un club de sport ? A quelle fréquence pratiquez-vous un sport ? Avec qui ? Qui est votre meilleur ami ?

Dialogue 2

- Peter ?
- Quoi ?
- Sally est au téléphone, et elle dit qu'elle voudrait rencontrer ton ami au pub un de ces jours…
- Je sais. Mais c'est impossible.
- Pourquoi ?
- Parce que nous nous rencontrons chaque mercredi au King's House à 13h. Et Sally travaille de 9h du matin à 16h le mercredi.
- Je vois. Mais qui est ce nouvel ami ?
- Robert. Je veux dire " Row-Bear " un type français de Paris.
- Je vois. Et pourquoi Sally veut le rencontrer ?
- Parce qu'il est Français et que Sally adore la France et les Français, comme tu le sais probablement.
- Oui, je sais qu'elle lit des livres et des journaux français…
- C'est vrai. Et elle écoute France Inter, et elle regarde des films français à la télé.
- Peut-être que c'est pour ça qu'elle travaille pour une entreprise française à Liverpool !
- Sa nouvelle voiture est un Twingo verte, et les gens disent qu'elle a des afficher de stars du cinéma français dans sa chambre !
- Vraiment ? Et est-ce que ton ami veut la rencontrer ?
- Je crois que oui. Il dit que Sally l'aime sans doute !
- Mais c'est impossible, Peter : elle ne le connais pas !
- Tu ne connais pas " Row-Bear ", ma chère : impossible n'est pas français pour un amoureux (d'un pays) latin !

Questions : (Imaginer sa réponse si nécessaire)

Pourquoi Sally téléphone-t-elle à Peter ? Pourquoi Peter n'a-t-il pas répondu au coup de fil ? D'où Sallly téléphon-t-elle ? A quelle fréquence Sally appelle-t-elle Peter ? Pourquoi Sally veut-elle rencontrer le nouvel ami de Peter ? Où et comment Peter a-t-il renconré Robert ? Depuis combien de temps sont-ils amis ? A quelle fréquence Peter rencontre-t-il son ami français ? Où se rencontrent-ils chaque mercredi ? Qu'est-ce que Peter et Robert mangent ou boivent chaque fois qu'ils se rencontrent au King's House ? Où se trouve le King-House dans le centre ville ? Qu'y a-t-il près du pub ? (Décrivez le quartier) Pourquoi Robert est-il en Grande-Bretagne ? Pour combien de temps y est-il ? Depuis combien de temps y est-il ? Pourquoi les deux amis préfèrent-ils se rencontrer au King's House ? Pourquoi pas chez Peter ? Comment Sally a-t-elle appris le français ? Combien de temps a-t-elle passé en France jusqu'à présent ? Quels journaux et magazines français préfère-t-elle ? Où les achète-t-elle ? Pourquoi Peter pense-t-il que Sally ne peut pas rencontrer son ami français? A quelle fréquence Sally écoute-t-elle France Inter ? Quels programmes écoute-t-elle ? Pour quelle firme française Sally travaille-t-elle à Liverpool ? Que vend cette entreprise ? Pourquoi a-t-elle une Twingo verte ? Quel âge a sa voiture ? Où l'a-t-elle achetée ? De qui sont les affiches qu'elle a dans sa chambre ? Qui sont ses star de cinéma et ses chanteurs favoris ? Pourquoi Robert croit-il que Sally l'aime ? Qu'est-ce qu'un " latin lover " (ou amoureux latin) ? Pourquoi Sally ne vit-elle pas et ne travaille-t-elle pas en France ? A quelle fréquence va-t-elle en France ? Quel est votre pays étranger favori ? Pourquoi préférez-vous ce pays ? Combien de pays connaissez-vous ? Où êtes-vous allé la dernière fois que vous êtes allé à l'étranger ? Où aimeriez-vous vivre et travailler si vous deviez quitter votre pays ? Combien de temps a duré votre plus long séjour à l'étranger ? Comment était-ce ? (Comment cela s'est-il passé ?)

Dialogue 3

- Vous connaissez cette femme, Sally ?
- Oui. Mr Fox. C'est Madame Flint.
- Elle n'est pas anglaise, n'est-ce pas ?
- Non. Elle vient de France…de Paris, je crois.
- Je vois. Est-ce qu'elle est ici pour l'anniversaire de Mr Brown ?
- Je suppose que oui. Les Flint et les Brown sont de très bons amis, vous savez.
- Vous connaissez son prénom ?
- Je crois qu'elle s'appelle Karine, mais je ne connais pas son nom de famille
- Est-ce qu'elle travaille pour la société ?
- Non. Mais son mari est le directeur de notre agence de Paris, comme vous le savez sans doute.
- Alors, je suppose qu'ils habitent à Paris.
- Bien sûr que oui. Mais ils viennent à Nottingham toutes les trois semaines.
- Est-ce qu'ils ont un appartement à Nottingham ?
- Non. Ils restent chez les parents de Mr Flint chaque fois qu'ils viennent à Nottingham.
- Vous avez l'adresse de ses parents à Nottingham ?
- Ils habitent au N° 55, avenue Sunset. Vous voulez savoir leur numéro de téléphone ?
- Oui, s'il vous plaît.
- C'est le 72 88 54 à Nottingham.
- Merci beaucoup, Sally. A tout à l'heure pour la soirée (pour faire la fête).

Questions : (Imaginer sa réponse si nécessaire)

Pourquoi Mr Fox veut-il savoir qui est cette femme ? Pourquoi ne la connaît-il pas encore ? Comment est Mme Flint ? Pourquoi Mr Fox ne croit-il pas qu'elle est anglaise ? Comment Sally connaît-elle Mme Flint ? Quel est le travail de Sally dans cette entreprise ? Pourquoi Mr Fox ne peut-il pas se présenter ou être présenté à Mme Flint maintenant ? Pour quoi (faire) Mme Flint se trouve-t-elle ici aujourd'hui ? Pourquoi est-elle invitée à l'anniversaire de Mr Brown ? Comment les Flint et les Brown se connaissent-ils ? Quel âge a Mr Brown ? Où se tiendra sa soirée d'anniversaire ? Combien de personnes sont invitées ? Quel cadeau les Flint ont-ils apporté pour Mr Brown ? Où ont-ils acheté ce cadeau ? De quelle région de France Karine vient-elle ? Comment s'appelait-elle avant de se marier ? Comment Mr Flint a-t-il rencontré Karine ? Depuis combien de temps sont-ils mariés ? Combien d'enfants ont-ils ? Où sont leurs enfants aujourd'hui ? Est-ce que Mme Flint a un travail à Paris ? Pourquoi ne travaille-t-elle pas pour la société de son mari ? Pourquoi Mr Flint a-t-il été nommé à l'agence de Paris ? Depuis combien de temps est-il directeur ? Quelle est la taille de cette agence ? Combien d'employés y travaillent ? Où est-elle située dans Paris ? Quelle est l'adresse des Flint à Paris ? Pourquoi ont-ils choisi d'habiter ce quartier ? A quelle fréquence les Flint viennent-ils à Nottingham ? Comment préfèrent-ils y venir ? Combien de temps restent-ils chaque fois qu'ils doivent venir à Nottingham ? Que vient faire Mt Flinht à Nottingham toutes les trois semaines ? Qui rencontre-t-il ? Est-ce que Karine accompagne toujours son mari à Nottingham ? (Pourquoi / Pourquoi pas ?) Où séjournent les Flint chaque fois qu'ils viennent à Nottingham ? Pourquoi Mr Fox veut-il connaître l'adresse et le N° de téléphone des Flint à Nottingham ? Pour quelle raison Nottingham est-elle célèbre dans l'Histoire ?

Dialogue 4

- Pardon, je ne crois pas vous connaître... Vous venez au club chaque week-end ?
- Non. Ce week-end est une exception, parce que je suis avec deux amis écossais de Glasgow. Mais d'habitude, je joue au badminton le jeudi après-midi, de 15h30 à 17h30.
- Vous venez avec votre famille, le jeudi ?
- Non. Ma femme n'aime pas le badminton. Elle reste à la maison avec les enfants. Les garçons préfèrent regarder la télé ou jouer dans le jardin, voyez-vous.
- Bien sûr ! Et est-ce que votre femme aime regarder la télé ?
- Non, pas vraiment. Elle aime lire et jouer de la musique.
- Vous faites de la musique ensemble ?
- Non. Je ne fais pas de musique. Mais Nancy joue du pianà avec une amie de l'Ecole Newton. Et elle se rencontrent tous les jeudis après-midi pour travailler des musiques de Mozart ou de Beethoven.
- Est-ce que votre femme est enseignante ?
- Non. Elle est secrétaire à l'Ecole Newton, mais son amie est Mlle Wilkins, la prof de musique.
- Est-ce que vous écoutez leur musique ?
- Oui, parfois, quand Mlle Wilkins reste à dîner. Mais elles savent que je préfère le jazz ou le blues.
- Est-ce que vos enfants aiment la musique de leur maman ?
- Eh bien, je ne crois pas, parce que chaque fois que leur mère joue avec Mlle Wilkins, ils restent dans leur chambre pour regarder la télé ou étouter la radio.
- Je vois. Je suppose qu'ils préfèrent les chansons avec guitare électrique, comme tous les enfants.

Questions : (Imaginer sa réponse si nécessaire)

Pourquoi cette dame ne connaît-elle pas ce monsieur ? Quel jour de la semaine ont-ils cette conversation ? Quand est-ce que le monsieur vient au club de badminton, d'habitude ? Pourquoi est-il au club ce week-end ? D'où viennent ses amis écossais ? Combien de temps ses amis écossais restent-ils chez lui ? Comment sont-ils venus ici ? Combien de temps joue-t-il d'habitude au badminton le jeudi ? Pourquoi doit-il s'arrêter de jouer à 17h30 ? Pourquoi préfère-t-il être loin de chez lui le jeudi après-midi ? Avec qui joue-t-il au badminton ? Pourquoi le badminton est-il plus populaire que le tennis en Grande-Bretagne ? Qu'est-ce que sa femme et ses enfants préfèrent faire le jeudi après midi ? Pourquoi ses enfants ne peuvent-ils pas regarder la télé dans le salon ? Où préfèrent-ils rester ? Avec qui sa femme joue-t-elle de la musique ? Qui sont ses compositeurs favoris ? Comment Nancy connaît-elle Mlle Wilkins ? Pourquoi ne jouent-elles de la musique à l'Ecole Newton ? Que fait Nancy à l'Ecole Newton ? En quoi consiste son travail ? Dans quelle pièce se trouve le piano chez Nancy ? Combien de postes de télé ont-ils ? Où sont-ils ? Quelle sorte de musique le mari de Nancy préfère-t-il écouter ? Pourquoi le mari de Nancy ne croit-il pas que ses enfants aiment la musique de leur mère ? Quelle sorte de musique les enfants de Nancy préfèrent-ils écouter, selon la dame ? Avez-vous jamais joué du piano, ou d'un autre instrument ? De quoi aimeriez-vous jouer maintenant ? Quelle sorte de musique écoutez-vous habituellement ? Où et quand écoutez-vous de la musique ? Qui est votre musicien ou chanteur favori ? Assistez-vous à des concerts ou des spectacles musicaux ? (Quoi / Quand) Avez-vous jamais joué au badminton dans un club ? Où est-ce que la plupart des Français joue au badminton ? Quels célèbres morceaux de musique de Mozart ou de Beethoven connaissez-vous ? Que font les enfants d'aujourd'hui avec un téléviseur dans leur chambre ? Avez-vous une play-station ?

Dialogue 5

- Bernie ?
- Oui, Sarah ?
- Est-ce que tu aimes tes beaux-parents ?
- Oui. Ce sont des gens très agréables, tu sais, particulièrement le père de Barbara.
- Tu les rencontres toutes les semaines ?
- Non, parce qu'ils n'habitent pas à Manchester. Nous nous rencontrons toutes les deux ou trois semaines, avec les frères de Barbara.
- Est-ce que ton beau-père travaille ?
- Bien sûr que oui. Il n'a que 52 ans, tu sais. Il est dentiste à Bradford. Et sa femme travaille avec lui comme assistante.
- Un dentiste, tu dis ? Est-ce qu'il travaille le vendredi matin ?
- Je crois que oui. D'habitude, il travaille de 9h à 12h le matin. Tu veux le rencontrer ?
- Non, merci. Je n'aime pas les dentistes. Mais je voudrais savoir comment il s'appelle.
- C'est le Dr. Moore. Les gens disent qu'il est le meilleur dentiste de Bradford. Si tu as un problème de dent…
- Non, ce n'est pas pour moi, Bernie. C'est pour mon neveu Jonathan. Il est étudiant à l'Ecole de Journalisme de Bradford, et je sais qu'il veut interviewer un dentiste sur son métier. Tu as l'adresse et le numéro de téléphone du Dr. Moore ?
- Son adresse est au 67 Place Darwin, et je crois que son N° de téléphone est le 4…8…euh..33…er…
- Ne t'en fais pas, Bernie. Jonathan sait lire un annuaire. Merci pour lui, en tout cas..

Questions : (Imaginer sa réponse si nécessaire).

Que veut savoir Sarah au sujet des beaux-parents de Bernie ? Lequel de ses beaux-parents Bernie préfère-t-il ? Pourquoi Bernie préfère-t-il son beau-père ? Pourquoi Bernie n'aime-t-il pas sa belle-mère autant que son beau-père ? A quelle distance de Bradford se trouve Manchester ? Quelle est la distance idéale par rapport à des beaux-parents ? A quelle fréquence rencontre-t-il ses beaux-parents ? Pensez-vous que c'est trop souvent ou pas assez souvent ? Avec qui Bernie rencontre-t-il ses beaux-parents ? Combien de frères Barbara a-t-elle ? Comment sont les frères de Barbara ? Quel beau-frère Bernie préfère-t-il, et pourquoi ? De qui Barbara a-t-elle hérité les qualités et défauts physiques, intellectuels ou psychologiques ? Pourquoi le père de Barbara n'est-il pas à la retraite ? Quel est son métier ? Où travaille-t-il ? Avec qui ? Comment les parents de Barbara se sont-ils rencontrés ? Pourriez-vous personnellement travailler avec votre mari ou votre femme ? Quels sont les avantages et les inconvénients de travailler ensemble en couple ? Pourquoi Sarah dit-elle qu'elle n'aime pas les dentistes ? Quelle est la réputation du Dr. Moore à Bradford ? Combien de patient le Dr. Moore voit-il chaque semaine, d'habitude ? Combien de temps dure une visite en moyenne ? Pourquoi Sarah veut-elle savoir si le Dr. Moore travaille le vendredi matin ? Pour qui Sarah a-t-elle besoin de l'adresse et du N° de téléphone du Dr. Moore ? Quel âge a Jonathan ? Pourquoi Jonathan a-t-il besoin de rencontrer le Dr. Moore ? Quand pourrait-il le rencontrer ? Quelles questions poseriez-vous au Dr. Moore si vous deviez l'interviewer sur son métier ? Que fera le neveu de Sarah après avoir étudié à Bradford ? Où les journalistes peuvent-ils trouver un emploi ? Avez-vous jamais été interviewé par un journaliste ? Sur quoi aimeriez-vous être interviewé ? Pourquoi Bernie ne peut-il pas se rappeler le N° de téléphone du Dr. Moore ? Peut-il se rappeler du N° privé du Dr. Moore ? A quelle fréquence allez-vous chez le dentiste ? Depuis combien de temps avez-vous le même chirurgien-dentiste ? Que doit-on faire pour avoir de bonnes dents et éviter d'aller chez le dentiste ?

Dialogue 6

- Ann ? Vous avez l'heure, s'il vous plaît ?
- Il est quatre heures moins quart, M. Jones.
- Merci… Je suppose que vous savez que j'ai une réunion à 4h30 ?
- Oui, je sais, M. Jones. Mais M. Palmer n'est pas ici cet après-midi….
- Vraiment ? C'est dommage : j'ai une lettre pour lui. Est-ce qu'il est chez lui ?
- Non, il est à Coventry. Je crois qu'il veut vous téléphoner avant la réunion. Il a un problème avec sa voiture.
- Ah, je vois. Peut-être qu'il veut changer l'heure de la réunion.
- Non, je ne crois, pas, M. Jones. C'est à propos d'une lettre.
- Cette lettre ?
- Peut-être. Est-ce qu'elle vient d'Irlande ?
- Oui. Elle vient de Dublin, apparemment.
- Eh bien, peut-être que la lettre est importante pour votre réunion. Vous voulez la lire ?
- Certainement pas ! Cette lettre n'est pas pour moi.
- Pourquoi ne pas téléphoner à M. Palmer, alors ?
- Mais nous ne savons pas où il est dans Coventry !
- Moi, je le sais. Il est au Garage de Greengate, à cause de sa Rover. Et le N° de téléphone est le 442615.
- Ce n'est pas le N° de téléphone du garage, Ann. C'est son N° de voiture ! Et Mr Palmer est probablement au pub de Greengate en ce moment.

Questions : (Imaginer sa réponse si nécessaire)

Pourquoi M. Jones veut-il savoir quelle heure il est ? Pourquoi n'a-t-il pas de montre ? Combien de temps M. Jones devra-t-il attendre avant la réunion ? Que fera-t-il avant la réunion ? Avec qui est la réunion ? Pourquoi M. Palmer n'est-il pas ici ? Pourquoi ne peut-il pas assister à la réunion ? Sur quoi portera la réunion ? Combien de temps la réunion devrait-elle durer ? Pourquoi M. Jones voudrait-il voir M. Palmer cet après-midi ? Comment a-t-il eu la lettre ? Quel est le problème de la voiture de M. Palmer ? Où est-ce que la voiture de M. Palmer est tombée en panne ? Pourquoi M. Palmer veut-il téléphoner à M. Jones avant la réunion, d'après Ann ? Comment Ann sait-elle que la lettre devrait venir d'Irlande ? Quand M. Palmer lui a-t-il téléphoné ?. Qu'est-ce qu'Ann veut que M..Jones fasses de la lettre de M. Palmer ? Pourquoi ne veut-il pas la lire ? D'où vient la lettre ? Pourquoi M. Palmer reste-t-il à Coventry cet après-midi ? Où M. Palmer fait-il réparer sa voiture ? Pourquoi a-t-il choisi ce garage ? Pourquoi M. Palmer n'essaie-t-il pas de téléphoner à nouveau à Ann avant la réunion ? Qui a envoyé la lettre de Dublin ? Pourquoi pourrait-elle être importante pour la réunion ? Pourquoi M. Jones ne veut-il pas appeler M. Rover au N° 442615 ? Quel N° de téléphone est le 442615 d'après Ann ? Pourquoi ne connaît-elle pas le N° de voiture de M. Palmer ? Comment M. Jones sait-il que M. Palmer est probablement au pub de Greengate en ce moment ? Que fait M. Palmer au pub de Greengate ? Combien de temps devra-t-il attendre sa voiture ? Pourquoi M. Palmer n'a-t-il pas laissé un message pour M. Jones à la secrétaire ? Comment est le logo sur la lettre de Dublin ? Combien a coûté le timbre ? Quand la lettre de Dublin a-t-elle été postée ? Combien de temps a-t-il fallu pour qu'elle soit distribuée ici ? Combien coûtera la réparation de la voiture ? Comment M. Palmer paiera-t-il la réparation ? A quelle distance de Coventry se trouve l'entreprise ? Que faisait M. Palmer à Coventry ?

Dialogue 7

- A quelle heure prenez-vous votre petit-déjeuner d'habitude, M. Goldworth ?
- Quand je dois travailler, je déjeune à sept heures.
- Est-ce que vous déjeunez avec votre femme et vos enfants ?
- Oui, bien sûr. Nous nous levons tous à 7h parce que l'école des enfants est à Peterborough, et ma femme travaille avec moi à l'Hôpital St James.
- Et que mangez-vous et buvez-vous au petit-déjeuner ?
- Nous prenons d'habitude une tasse de thé ou de café, et des toasts avec du beurre et de la confiture.
- Est-ce que vos enfants boivent du thé ou du café ?
- Non, bien sûr que non. Ils préfèrent prendre un jus d'orange avec leurs céréales.
- Quelles céréales préfèrent-ils manger ?
- Des Corn Flakes, bien sûr, mais mélangés avec du Weetabix ou des Rice Crispies.
- Combien de temps dure le petit-déjeuner dans votre famille ?
- Mmm...environ une demi-heure. C'est un repas important pour nous, vous savez, parce que nous préférons un déjeuner léger au travail.
- Et ensuite, je suppose que vous allez à Peterborough en voiture...
- C'est cela. C'est très pratique, parce que nous avons seulement besoin d'une voiture, voyez-vous.
- Combien de temps ça prend d'aller d'ici à Peterborough ?
- Environ 40 minutes. D'habitude, nous quittons Stamford à huit heures moins quart.
- Et à quelle heure revenez-vous chez vous l'après-midi ?
- Eh bien, en fait, nous ne revenons pas à la maison ensemble. Ma femme quitte l'hôpital à 15h. Donc elle revient en voiture avec les enfants. Et moi, je prends le bus de 17h30 pour Stamford.

Questions : (Imaginer sa réponse si nécessaire)

Quel est le sujet de cette interview ? Pourquoi M. Goldworth est-il interviewé sur sa vie quotidienne ? Avec qui M. Goldworth déjeune-t-il le matin ? A quelle heure se réveille-t-il et se lève-t-il ? Pourquoi M. Goldworth prend-t-il son petit-déjeuner avec sa femme est ses enfants ? Où le prennent-ils ? Que mange et que boit cette famille au petit-déjeuner ? Où se lavent-ils et où s'habillent-ils ? Se lavent-ils et s'habillent-ils avant ou après :le petit-déjeuner ? Pourquoi ? Et qu'en est-il en ce qui vous concerne ? A quelle distance de leur maison se trouve Peterborough ? Pourquoi les enfant ne vont-ils pas à l'école à Stamford ? Quelles sont les fonctions des parents à l'Hôpital St James ? Comment se sont-ils rencontrés ? Pourquoi le petit-déjeuner est-il un repas important pour M. Goldworth et sa famille ? Comment vont-ils au travail ? Qu'est-ce que les parents mangent et boivent à midi ? Où leurs enfants peuvent-ils déjeuner à midi ? Pourquoi n'ont-ils qu'un voiture ? A quelle heure arrivent-ils à Peterborough d'habitude ? Pourquoi ne peuvent-ils pas revenir à la maison ensemble ? Pourquoi Mme Goldworth s'arrête-t-elle de travailler à 15h ? Pourquoi M. Goldworth ne revient-il pas chez lui en voiture avec sa femme et ses enfants ? Comment M. Goldworth revient-il chez lui ? Où prend-t-il l'autobus de 17h30 ? Pourquoi ses enfants ne vont-ils pas à l'école en autobus ? Qui M. Goldworth rencontre-t-il dans l'autobus de 17h30 ? Combien de fois par jour M. Goldworth prend-t-il le bus ? (Pour aller) D'où à où ? A quelle heure vous réveillez-vous d'habitude ? A quelle heure vous levez-vous d'habitude ? Préférez-vous vous habiller avant ou après le petit-déjeuner ? (Pourquoi ?) Que mangez-vous et que buvez-vous au petit-déjeuner ? Est-ce différent le week-end ? Déjeunez-vous d'habitude avec votre familler ? (Pourquoi / Pourquoi pas ?) Combien de temps dure votre petit-déjeuner ? Combien de temps passez-vous en trajets quotidiens, pour aller de chez vous au travail et revenir ? Avez-vous une marque préférée de thé, de café, de confiture, de céréales et de jus d'orange ? Qu'est-ce que les Britanniques peuvent manger au petit-déjeuner, en dehors de cette nourriture classique ?

Dialogue 8

- Salut Marian !
- Bonjour Paul. Que fais-tu dans ce supermarché ?
- J'achète de quoi manger pour le dîner de ce soir. Tu sais que ma femme est au Pays de Galles avec son patron.
- Oui. Je sais qu'elle est à Swansea. Quand est-ce qu'elle revient ?
- Mardi après-midi, je crois.
- Pourquoi ne prends-tu pas tes repas à la cafétéria quand ta femme n'est pas là ?
- Parce que j'y déjeune tous les jours, tu sais, et je préfère regarder la télé chez moi. Il y a un bon match ce soir : Manchester United joue contre l'A.C. Milan !
- Je sais, et c'est bien dommage. Je veux regarder un film italien sur la BBC 2, mais George préfère le football, comme d'habitude…
- Tu veux que j'invite George, pour que tu puisses regarder ton film ?
- Pourquoi pas. C'est une très bonne idée, Paul.
- Qu'est-ce que ton mari aime manger ?
- Il aime le bœuf et les pommes de terre, les saucisses, les œufs au bacon, le pâté en croûte, et…
- Est-ce qu'il aime les sandwichs ?
- Oh non, pas pour dîner, parce qu'il prend un sandwich au jambon pour le déjeuner chaque fois qu'il travaille. Non. Il fait d'habitude un gros dîner et je dois cuisiner chaque après-midi de 17h à 19h.
- J'aimerais inviter George, mais je ne veux pas cuisiner de 17h à 19h !
- Pourquoi ne pas acheter une pizza, alors ? George n'aime pas les films italiens, mais il adore la nourriture italienne !
- Et les vins italiens !

Questions : (Imaginer sa réponse si nécessaire)

Où Paul rencontre-t-il Marian ? Que faisait Marian quand Paul l'a vue ? Pourquoi Paul est-il dans <u>ce</u> supermarché ? Qu'a-t-il besoin d'acheter cette fois-ci ? Pourquoi Paul doit-il faire les courses pour le dîner ? Avec qui sa femme est-elle au Pays de Galles ? Que font la femme de Paul et son patron à Swansea ? Pour combien de temps sont-ils au Pays de Galles ? Comment sa femme et son patron sont-ils allés au Pays de Galles ? Où séjournent-ils ? Pourquoi Paul ne dîne-t-il jamais à la cafétéria ? Où préfère-t-il dîner ? Pourquoi ? Qu'est-ce que Paul a l'intention de faire ce soir après le dîner ? Laquelle est son équipe favorite ? Combien de temps dure un match de football ? Pour quoi les deux équipes de ce soir sont-elles en compétition ? Quel est le problème de Marian par rapport au programme télé de ce soir ? Qu'est que Paul suggère de faire ? Pourquoi George dîne-t-il copieusement d'habitude ? Combien de temps faut-il à Marian pour cuisiner le dîner ? Pourquoi Paul veut-il savoir si George aime les sandwichs ? Comment est votre sandwich favori ? Pourquoi Paul ne veut-il pas cuisiner de 17 à 19h ? Où est-ce que George achète ses sandwichs ? A quoi ressemble un dîner quotidien idéal, à votre avis ? Quelles boissons Paul peut-il acheter pour le dîner ? Quelle solution Marian peut-elle suggérer pour le dîner de ce soir ? Comment est votre pizza favorite ? Comment Paul sait-il que George aime les vins italiens ? Comment trouvez-vous la nourriture et les boissons italiennes ? Pourquoi Paul ne sait-il pas ce que George préfère manger ? Pourquoi Paul ne peut-il pas inviter Marian avec George ? Combien de téléviseurs Marian et George ont-ils ? Etes-vous personnellement passionné par les matchs de football ? Quel sport préférez-vous regarder à la télé ? Où préférez-vous acheter ou manger des pizzas ? A quelle fréquence allez-vous au supermarché ? Quel supermarché préférez-vous ? Pourquoi ? A quoi ressemble un supporteur de l'ASSE à St Etienne ? Combien d'équipes de football pouvez-vous reconnaître ? Pensez-vous que les joueurs de football professionnels sont trop riches ? De quelle équipe êtes-vous supporteur ? Avez-vous jamais assisté à un match de ligue en tant que spectateur ? Que devrait-on faire concernant les " hooligans " ?

Dialogue 9

- Bonjour Fiona ! Comment vas-tu ?
- Très bien, merci. Je vais à Plymouth avec ma sœur Wendy.
- Vraiment ? Et qu'est-ce que vous allez faire à Plymouth ?
- Eh bien, Wendy a un examen au Collège de Plymouth jeudi, et je l'accompagne parce que je voudrais visiter la ville.
- Tu as de la chance, Fiona. Plymouth est une très jolie ville. Vous allez séjourner à l'hôtel ?
- Non, Wendy a un ami à Plymouth. Il s'appelle James Hunter. Il est étudiant de première année au Collège de Plymouth. C'est le fils d'un des professeurs, en fait.
- Je vois. (Et) vous y allez en voiture ou en train ?
- En train, bien sûr. C'est très pratique, parce que l'appartement de James est en face de la gare.
- Et quand est-ce que vous revenez à Watford ?
- Probablement samedi après-midi. Et peut-être avec James, parce que nos parents veulent l'inviter.
- Et où est ta sœur ?
- Elle est en train d'acheter des magazines et une ou deux boissons pour le train.
- Combien de temps ça prend pour aller d'ici à Plymouth ?
- Wendy dit que ça prend environ 4 heures, parce qu'on doit traverser Londres. Voilà mon billet et la réservation : ça précise que nous arrivons à Plymouth à 12h15, tu vois.
- Et vous partez quand ?
- Dans…dix minutes environ. Ah voilà enfin Wendy ! A bientôt Kevin !
- Au revoir Fiona ! Faites un bon voyage !

Questions : (Imaginer sa réponse si nécessaire)

Où discutent Kevin et Fiona ? Comment va Fiona ? Où va-t-elle aujourd'hui ? Avec qui va-t-elle à Plymouth ? Que va faire Wendy à Plymouth ? Pourquoi Fiona va-t-elle à Plymouth avec sa sœur ? Comment Wendy connaît-elle Plymouth ? Pourquoi Wendy préfère-t-elle étudier à Plymouth ? Qui est James Hunter ? Pourquoi Fiona a-t-elle de la chance, selon Kevin ? Pourquoi Wendy ne visitera-t-elle pas la ville cette fois-ci ? Quand a lieu l'examen de Wendy ? Que veut-elle étudier au au Collège de Plymouth ? Combien d'étudiants passent cet examen ? Quelles matières seront testées ? Pourquoi Wendy devrait-elle probablement réussir l'examen ? Quelle matière enseigne le père de James ? Pourquoi Fiona et Wendy préfèrent-elles aller à Plymouth en train ? Combien dure chacune des épreuves de jeudi ? Devront-elle changer de train à Londres ? Combien de temps dure l'arrêt de Londres ? A quelle heure cette conversation a-t-elle lieu ? Où est Wendy pendant que Kevin et Fiona discutent ? Pour quoi Wendy achète-t-elle des boissons et des magazines ? Pourquoi n'auront-elles pas besoin d'hôtel ? Combien Wendy dépense-t-elle pour les boissons et les magazines ? Comment Wendy a-t-elle rencontré James ? Quelles boissons et magazines est-elle en train d'acheter ? Pourquoi les parents de Wendy invitent-ils James ? Quand et comment les filles ont-elles pris leur réservation ? Quelle quantité de bagage emportent-elles ? A quoi ressemble James Hunter ? Depuis combien de temps est-il l'ami de Wendy ? Pourquoi Fiona dit-elle seulement qu'elles reviendront <u>probablement</u> samedi après-midi ? Pourquoi n'ont-elles pas un billet aller-retour avec une réservation pour le trajet de retour ? Comment reviendront-elles de Plymouth ? Combien de temps James restera-t-il à Watford ? Pourquoi Fiona dit-elle " Voilà <u>enfin</u> Wendy " ? Pourquoi veut-elle arrêter la conversation ? Que faisait Kevin près de la gare quand il a rencontré Fiona ? Que fera-t-il ensuite ? Qu'est-ce qui fait de Plymouth une si jolie ville ? Quel jour de la semaine cette conversation a-t-elle lieu ?

Dialogue 10

- Qu'est-ce que tu fais samedi, Steven ?
- Je vais à Leeds avec une amie ? Tu veux venir avec nous ?
- Peut-être. Tout dépend de ce que vous allez faire à Leeds…
- Nous voulons voir le nouveau centre commercial. Betty doit acheter un cadeau pour l'anniversaire de son père. Et je voudrais rendre visite à un ami à l'Hôpital St. James.
- Quand est l'anniversaire de M. Flint ?
- Dimanche. Il a 53 ans. Et ils invitent environ 35 amis et parents.
- Je vois. Et à quelle heure vous quittez Leeds ?
- Nous prenons le train de 9h30. Si tu veux venir avec nous…
- Pourquoi vous n'y allez pas en voiture ?
- On aimerait bien, mais on ne peut pas, parce que ma sœur a besoin de la Ford pour aller travailler.
- Eh bien, ne t'en fais pas Steven. Je peux vous conduire à Leeds samedi ? A quelle heure devez-vous y être ?
- Nous aimerions y être à environ 11h, si possible. Et je crois que c'est seulement à une demi-heure en voiture. Est-ce que tu peux nous prendre en face de la gare à 10h30 ?
- Oui, je peux, Steven. Mais, il y a beaucoup de trafic Avenue Ramsgate le samedi matin, à cause du marché, tu sais.
- C'est vrai, Kim. Donc, où veux-tu nous retrouver ?
- Je préfère vous retrouver Rue Turner. C'est près de l'appartement de Betty, et il y a un joli salon de thé en face du parc. C'est plus agréable d'attendre quelqu'un devant une tasse de thé.

Questions : (Imaginer sa réponse si nécessaire)

Pourquoi Kim veut-elle savoir ce que Steven fait samedi ? Comment Kim connaît-il Steven ? Qu'est-ce que Steven veut faire à Leeds samedi ? Pourquoi va-t-il à Leeds avec Betty ? Pourquoi Betty veut-elle acheter un cadeau pour son père ? Où achètera-t-elle le cadeau ? Quel cadeau achètera-t-elle au nouveau centre commercial ? Combien a-t-elle l'intention de dépenser ? Quel âge a le père de Betty ? Où fêtera-t-il son anniversaire samedi ? Comment Steven sait-il qu'un(e) de ses ami(e)s est à l'hôpital ? Pourquoi son ami(e) a-t-il/elle choisi cet hôpital ? Pourquoi l'ami(e) de Steven est-il/elle à l'hôpital ? Depuis combien de temps est-il/elle à l'hôpital ? Qu'est-ce que Steven pourrait apporter à son ami(e) hospitalisé(e) ? Combien de temps durera la visite de Steven ? Qu'est-ce qu'un parent ? A quelle distance du nouveau centre commercial se trouve l'hôpital ? Que devra demander Steven quand il arrivera à l'hôpital St James pour sa première visite Comment Steven et Betty vont-il aller à Leeds samedi ? Pourquoi y vont-ils en train ? Quel train prendront-ils samedi ? Pourquoi doivent-ils prendre le train de 9h30 ? Qu'est-ce qui vous fait penser que Betty et Steven n'ont pas encore acheté leurs billets ? Qu'est-ce que Kim offre de faire ? Combien de temps faut-il pour aller à Leeds en train ? En voiture ? Combien de temps Steven et Betty gagneront-ils s'ils vont à Leeds en voiture ? Que pourront-ils faire du temps qu'ils gagneront grâce à l'offre de Kim ? Pourquoi Steven veut-il que Kim le prenne (en voiture) à la gare samedi matin ? Pourquoi la gare n'est pas le meilleur point de rencontre, d'après Kim ? Que suggère-t-elle de faire ? Pourquoi Kim préfère-t-elle attendre ses amis Rue Turner samedi matin ? Comment Betty viendra-t-elle au lieu de rencontre ? Pourquoi viendra-t-elle probablement à pied ? Combien de temps les amis resteront-ils à Leeds samedi ? Quand reviendront-ils chez eux ? Comment Betty et Steven peuvent-ils remercier Kim pour son offre généreuse de les conduire à Leeds ?

Dialogue 11

- Excusez-moi, Madame…savez-vous où se trouve la poste ?
- La poste ? C'est dans la Grand-Rue.
- Et où est la Grand-Rue ?
- C'est la deuxième rue à gauche après le pont. La poste est un gros bâtiment blanc sur la droite, entre l'Hôtel de l'Arc en Ciel et le parc Nelson.
- Est-ce que c'est loin d'ici ?
- Non, pas trop loin, mais il y a beaucoup de trafic cet après-midi. C'est à cause de la grève des bus.
- La grève des bus ?
- Oui Monsieur. Il n'y a pas de bus cette semaine. Alors, tout le monde prend sa voiture.
- Je vois. Y a-t-il un parking près de la poste ?
- Il y a un grand supermarché en face de la poste. Je suppose que vous pouvez laisser votre voiture là-bas.
- Merci beaucoup, Madame… Vous croyez que la poste est ouverte à l'heure du déjeuner ?
- Elle est ouverte de 9h à 12.30 tous les matins.
- Et il est déjà midi et quart ! Quel dommage !
- Mais quel est votre problème, Monsieur ?
- Il faut que je téléphone à l'aéroport d'Heathrow avant 13h. Et je ne peux pas téléphoner d'une cabine.
- Je vois… Eh bien, si c'est si urgent, prenez juste la première rue à droite. Il y a un pub au carrefour. Vous pouvez téléphoner de là, si vous voulez.
- Super ! Vous êtes sûre que je peux ? Vous connaissez le nom du propriétaire ?
- Bien sûr ! Il s'appelle Robert Young, et je suis sa femme ! Allons y ensemble !

Questions : (Imaginer sa réponse si nécessaire)

Où a lieu cette conversation ? Que faisaient ces deux personnes juste avant de se rencontrer ? Que cherche l'automobiliste ? Que veut-il faire à la poste ? Quelle voiture le monsieur conduit-il ? D'où vient-il et où va-t-il ? Pourquoi ne peut-il pas utiliser son téléphone mobile ? Pourquoi ne peut-il pas téléphoner d'une cabine ? Qui doit-il appeler à l'aéroport d'Heathrow ? A quel sujet doit-il téléphoner ? Pourquoi doit-il téléphoner avant 13h ? Pourquoi y a-t-il tant de trafic dans cette ville aujourd'hui ? Pourquoi les chauffeurs d'autobus sont-ils en grève ? Pour combien de temps sont-ils en grève ? Combien de temps faut-il à ce monsieur pour atteindre la poste, étant donné le trafic intense ? Pourquoi la dame pense-t-elle que ce monsieur devrait facilement trouver une place de parking près de la poste ? Que se passera-t-il s'il ne peut pas téléphoner à l'aéroport d'Heathrow avant 13h ? Qu'est-ce que la dame lui conseille de faire ? Pourquoi recommande-t-elle le pub local ? Quel est le métier de Robert Young ? En quoi consiste son travail, en pratique ? Quel est le nom du pub de Robert Young ? Depuis combien de temps travaille-t-il là ? A quelle fréquence allez-vous personnellement au pub ? Pourquoi n'y allez-vous pas plus souvent ? Que buvez-vous d'habitude quand vous êtes dans un pub ou un café ? Etes-vous fumeur ? Où Mme Young a-t-elle rencontré son mari ? Travaille-t-elle (ou non) avec lui ? (Pourquoi / Pourquoi pas ?) Aimeriez-vous travailler dans un pub (ou café) ? (Pourquoi / Pourquoi pas ?) Est-ce à votre avis un bon emploi d'être patron de café ? Approuvez-vous l'interdiction de fumer dans tous les lieux publics ? (Pourquoi / Pourquoi pas ?) Pourquoi l'hôtel près de la poste s'appelle-t-il le Rainbow ? Qu'est-ce qu'un arc-en-ciel, normalement ? Est-ce que les clients peuvent manger dans le pub de M. Young ? Si oui, que peuvent-ils manger ? Sinon, pourquoi pas ? Comment serait votre café si vous deveniez patron de café ? Où aimeriez-vous ouvrir un pub ? Pourquoi y a-t-il de moins en moins de cafés dans la plupart des régions de France ? Qu'est-ce qui les a remplacés ?

Dialogue 12

- Bonjour M. Palmer.
- Bonjour Sarah. Quel est le programme pour aujourd'hui ?
- Aujourd'hui, vous avez une réunion à 9h30 avec un client canadien d'Ottawa. Il doit visiter l'usine avec vous avant de rencontrer le directeur.
- Et à quelle heure est mon prochain rendez-vous ?
- Onze heures moins quart, avec Mme Jackson, au sujet du nouveau centre commercial de Glasgow.
- Pourvez-vous réserver une table au Cheval Blanc. Je voudrais inviter Mme Jackson à déjeuner, et je sais qu'elle aime les spécialités du Cheval Blanc.
- D'accord patron. Et qui vient avec vous ?
- Personne. Pourquoi ?
- Pour prendre la réservation, M. Palmer.
- Bien sûr ! Comme je suis stupide ! Et qu'est-ce que j'ai cet après-midi, Sarah ?
- Euh… eh bien, je suppose que vous savez qu'il y a une réunion de service dans le bureau de M. Lawson…
- Que voulez-vous dire, Sarah ? Les réunions de service sont normalement le vendredi.
- Ce doit être une réunion exceptionnelle, alors. Vous savez que le directeur ne peut pas être là vendredi ?
- Ah oui, bien sûr ! Il va à l'exposition de Cork ? Et à quelle heure est la réunion ?
- 1h30…d'1h30 à environ 16h parce que M. Lawson a rendez-vous au centre ville. Sa secrétaire dit qu'il va rencontrer une charmante dame de Banbury.
- Banbury, vous dites ?… Mme Jackson est bien de Banbury, n'est-ce pas ?
- Vous avez raison, M. Palmer. Peut-être que c'est elle, la charmante dame de M. Lawson !

Questions : (Imaginer sa réponse si nécessaire)

Où se passe cette conversation ? Quelle heure est-il à votre avis ? Quel est le métier de Sarah ? Qui est le patron de M. Palmer ? Que vend leur société ? Que veut savoir M. Palmer chaque matin, lorsqu'il arrive dans son bureau ? Combien de rendez-vous a-t-il ce matin ? Avec qui est son premier rendez-vous ? A quelle heure est son rendez-vous avec Mme Jackson ? Combien de temps durera son premier rendez-vous ? Pourquoi M. Palmer ne regarde-t-il pas son agenda au lieu de demander à Sarah le planning d'aujourd'hui ? Pourquoi le client canadien a-t-il besoin de visiter l'usine ? Qu'est-ce que M. Palmer lui montrera ? Pourquoi le client canadien ne peut-il pas visiter l'usine avec le directeur ? Comment viendra-t-il à l'usine ? Comment est Mme Jackson ? Comment M. Palmer la connaît-il ? D'où vient Mme Jackson ? De quoi parleront M. Palmer et Mme Jackson lorsqu'ils se rencontreront ce matin ? Que veut faire M. Palmer après son rendez-vous avec Mme Jackson ? Quelle heure sera-t-il ? Pourquoi M. Palmer veut-il que Sarah réserve une table au Cheval Blanc ? Pourquoi doit-elle réserver maintenant ? Pour combien de personnes est la réservation ? Quelle table M. Palmer préfère-t-il réserver d'habitude ? Quelle spécialité Mme Jackson préfèrera-t-elle commander cette fois-ci ? A quelle heure commenceront-ils de manger ? Combien de temps passeront-ils ensemble au restaurant ? Combien coûtera leur déjeuner ? Quel jour M. Palmer a-t-il une réunion de service, d'habitude ? Où sera la réunion aujourd'hui ? Pourquoi y a-t-il une réunion de service aujourd'hui ? Combien de personnes se rencontreront dans le bureau de M. Lawson ? Combien de temps durera la réunion de service d'aujourd'hui ? De quoi parleront les collègues ? Pourquoi la réunion d'aujourd'hui devra-t-elle se terminer à 16h ? Où ira M. Lawson après sa réunion ? Pourquoi M. Palmer pense-t-il que M. Lawson rencontrera probablement Mme Jackson en ville ? Comment Sarah sait-elle que M. Lawson rencontre une charmante dame de Banbury ? Où M. Lawson rencontrera-r-il sa charmante dame ? Pourquoi ne l'invite-t-il pas à déjeuner ?

Dialogue 13

- Salut Mike ! Est-ce que tu sais où est Mme Arnold ?
- Je crois qu'elle est avec M. Goldworth et le PDG de G.E.C. en salle 37. Pourquoi ?
- Parce que j'ai un paquet pour elle sur mon bureau.
- Est-ce que c'est urgent ?
- Ce doit être urgent : je sais que Mme Arnold attend quelques échantillons d'un nouveau fournisseur.
- Est-ce que le paquet vient d'Irlande ?
- Oui. Il vient de Galway, apparemment.
- Y a-t-il un logo sur le paquet ?
- Bien sûr ! Un logo vert avec un pommier. Mais je n'arrive pas à voir le nom de la société.
- Alors ça doit être le nouveau fournisseur ? Peux-tu donner le paquet à Mme Arnold ?
- Je suis désolé, Mike. Je ne peux pas quitter mon bureau avant midi. Je dois rencontrer trois clients avant le déjeuner.
- Pourquoi ne pas envoyer ta secrétaire, alors ?
- Elle n'est pas là aujourd'hui. Tu sais que Sharon ne travaille pas le mercredi.
- Eh bien, dans ce cas, je vais téléphoner à Mme Arnold…
- Ne fais pas ça, Mike. On ne doit pas téléphoner pendant une réunion.
- Mais peut-être que Mme Arnold a besoin des échantillons !
- Alors, il faut attendre leur prochaine pause café, qui est à 11 heures, d'habitude.
- Tu as raison, Jill. Si tu donnes le paquet à la secrétaire de M. Goldworth avant 11h, elle peut l'apporter avec le café et les biscuits. A tout à l'heure au restaurant, et bonne chance !

Questions : (Imaginer sa réponse si nécessaire)

Jill cherche-t-elle Mme Arnold ? Comment Mike sait-il que Mme Arnold est en réunion ? Dans quelle salle a lieu la réunion ? Qui Mme Arnold rencontre-t-elle en salle 37 ? Que signifient les lettres G.E.C. ? Pourquoi M. Goldworth doit-il assister à cette réunion avec Mme Arnold ? Dans quel but Mme Arnold a-t-elle besoin des échantillons urgents.? Pourquoi ne les a-t-elle pas reçus avant ? Comment Jill sait-elle que le paquet est sans doute urgent ? D'où vient le paquet urgent ? Pourquoi Jill ne peut-elle pas voir le nom de l'entreprise sur le paquet ? Que peut-elle voir sur le paquet ? Comment Jill sait-elle que le paquet vient de Galway ? Comment est le logo sur le paquet ? Qui a envoyé le paquet ? Quand a-t-il été envoyé ? Quel est le poids du paquet ? Quelle est la taille du paquet ? Quels sont ces échantillons ? Combien d'échantillons y a-t-il dans le paquet ? Y a-t-il aussi une lettre ? Combien la société irlandaise a-t-elle payé pour envoyer ce colis ? Quel a été son délai de distribution ? Pourquoi Mme Arnold n'a-t-elle jamais vu d'échantillon de cette société ? Qui donnera les échantillons ? Pourquoi Jill ne peut-elle pas donner les échantillons à Mme Arnold avant midi ? Pourquoi Sharon ne peut pas les donner non plus ? Pourquoi Sharon ne travaille-t-elle pas le mercredi ? De qui Sharon est-elle l'assistante ? Qu'est-ce que Mike suggère de faire avant de donner les échantillons à Mme Arnold ? Pourquoi ne peuvent-ils pas lui téléphoner ? Qu'est-ce que Jill suggère de faire au lieu de téléphoner à Mme Arnold pendant la réunion ? A quelle heure est la prochaine pause ? Combien de temps doivent-ils attendre avant que Mme Arnold fasse une pause ? Qui donnera les échantillons à Mme Arnold, finalement ? Où se trouve la salle 37 ? A quel étage est-elle ? Pourquoi Jill suggère-t-elle que la secrétaire de M. Goldworth devrait porter les échantillons à la salle 37 ? Combien de temps durera la prochaine pause café ? Combien de tasse devrait-il y avoir sur le plateau ? Que devrait-on trouver sur un plateau de pause café afin de plaire à tout le monde ? Pourquoi n'y a-t-il pas de machine à café en salle 37 ? Où peut-on fumer pendant une pause café ? Pourquoi Mike souhaite-t-il bonne chance à Jill ? Où se rencontreront-ils à nouveau ? Pour quoi faire ?

Dialogue 14

- Pardon, Monsieur...
- Oui, Mademoiselle ? Je peux vous aider ?
- Eh bien, Je m'appelle Sonia Clark. Je suis une nouvelle étudiante au Collège de Watford, mais je suis ici pour la première fois et je ne connais pas du tout la ville.
- Je vois. Alors, que voulez-vous savoir ?
- Connaissez-vous le chemin pour aller au Collège de Watford ?
- A partir d'ici ?
- Oui. A partir de la gare, si possible.
- Vous êtes à pied ?
- Bien sûr que oui. Est-ce que le Collège de Watford est loin d'ici ?
- Je crains que oui. La gare est au Nord, et le Collège de Watford est au Sud-Ouest, voyez-vous. Si vous êtes à pied, ça va vous prendre trois quart d'heure.
- Vraiment ? Mais j'ai rendez-vous avec le Pr. Brown à 17h30, et il est 17h05. Est-ce que c'est plus rapide en bus ?
- Je ne crois pas. Il y a beaucoup de voitures aujourd'hui, parce que c'est jour de marché au centre ville.
- Qu'est-ce que je peux faire, alors ?
- Je ne sais pas, Mademoiselle. Je ne peux pas vous aider. Mes collègues n'arrivent qu'à 18h avec la voiture de police. Je crois que vous devez prendre un taxi, si vous pouvez en trouver un...
- Non, un taxi est trop cher pour moi, Monsieur...
- Pourquoi ne pas téléphoner au collège alors ? Peut-être que le Pr. Brown peut vous attendre jusqu'à 18h ou 18h30 ? Il y a une cabine téléphonique près d'ici, entre la gare et le parking.

Questions : (Imaginer sa réponse si nécessaire)

Qui est Sonia Clark ? A qui demande-t-elle de l'aide ? Où sont-ils ? Que veut-elle savoir ? Pourquoi ne sait-elle pas aller au Collège de Watford ? Pourquoi cherche-t-elle cette adresse ? Quelle heure est-il ? Pourquoi sera-t-elle en retard pour son rendez-vous au Collège de Watford ? Qui est le Pr. Brown ? Quelle spécialité Sonia étudiera-t-elle au Collège de Watford ? Où Sonia dormira-t-elle cette nuit ? Pourquoi Sonia est-elle à pied ? Combien de temps a duré son trajet en train ? Pourquoi n'a-t-elle pas pris un train précédent ou n'est-elle pas venue hier ? A-t-elle des bagages ? A quelle heure est son rendez-vous ? Comment a-t-elle perdu son téléphone mobile ? Comment sont les transports en commun dans cette ville ? Pourquoi le policier ne lui conseille pas de prendre le bus ? Comment un taxi peut-il être plus efficace qu'un bus, malgré les embouteillages du centre ville ? Pourquoi y a-t-il tant de trafic en ville aujourd'hui ? Pourquoi Sonia n'essaie-t-elle pas de faire de l'auto-stop ? Qu'est-ce que l'agent de police proposerais sans doute s'il était 18h ? Pourquoi doit-il rester ici ? Pourquoi Sonia n'a-t-elle pas acheté un plan de la ville ou vérifié son itinéraire sur Internet avant de venir ? Pourquoi l'agent de police n'est-il pas certain qu'elle puisse trouver un taxi pour aller au Collège de Watford ? Quel retard aura-t-elle au Collège de Watford si elle essaye d'y aller à pied ou en autobus ? Pourquoi Sonia ne peut-elle pas prendre un taxi, même si c'est peut-être la meilleure solution pour arriver à l'heure ? Que devrait faire Sonia, d'après l'agent de police ? D'où peut-elle téléphoner au Pr. Brown ? Combien de temps le Pr. Brown a-t-il prévu de consacrer au rendez-vous de Sonia ? Est-ce que le Pr. Brown pourra retarder le rendez-vous de Sonia ? (Pourquoi / Pourquoi pas ?) Avez-vous jamais été en retard pour un événement, une réunion ou un rendez-vous important, jusqu'à présent ? Etes-vous plus souvent en retard ou en avance ? Quand avez-vous été en retard pour la dernière fois ? Pourquoi étiez-vous en retard ? Comment peut-on éviter que les gens soient en retard si on n'aime pas du tout cela ? Quelles circonstances peuvent excuser une personne pour son retard, d'habitude ? Quel retard peut-on décemment avoir ?

Dialogue 15

- Tu vas bien au centre ville ce matin, n'est-ce pas, Nick ?
- Oui, Margaret, mais…comment tu le sais ?
- Mary dit que tu vas retrouver un(e) ami(e) au Pub de la Tour.
- C'est vrai. As-tu besoin que je t'emmène ?
- Non merci. Il faut que je reste à la maison parce que j'attends un coup de fil d'Afrique. Est-ce que tu peux m'acheter de la nourriture ?
- Bien sûr, Margaret ? Qu'est-ce que tu veux ?
- Euh…j'aimerais que tu achètes deux livres d'oranges, trois livres de pommes, et…
- Des Granny Smiths ?
- Non, je préfère les Starkings. Mais, s'il te plaît, ne vas pas au supermarché. Les meilleurs fruits sont chez M. Hamad, tu sais, le magasin jaune entre la poste et la banque.
- D'accord. C'est tout, Margaret ?
- Non, Nick. J'ai aussi besoin de jambon et d'un poulet. Cinq tranches de jambon et un poulet Label Vert. Tu peux trouver tout ça à la boucherie en face de la poste.
- Jambon et poulet…d'accord…
- Et si tu peux, je veux dire, si tu as le temps, j'aimerais prendre le journal d'aujourd'hui avec un exemplaire de Woman's Weekly. La maison de la presse est Rue Nelson.
- Rue Nelson ? Où est-ce que c'est ?
- Eh bien, si tu prends l'avenue en face du magasin de fruits et légumes de M. Hamad, la Rue Nelson est la deuxième rue à gauche, et le magasin est à côté d'un pub…Ce n'est pas le Pub de la Tour ?
- Non, Margaret. Le Pub de la Tour est en face de la banque, Rue Wilson.

Questions : (Imaginer sa réponse si nécessaire)

Que va faire Nick ce matin ? Comment Nick ira-t-il au centre ville ce matin ? Comment Mary sait-elle que Nick rencontrera un(e) ami(e) au pub ? Quand l'a-t-elle dit à Margaret ? Qui est l'ami(e) que Nick va rencontrer au pub ? Pourquoi préfèrent-ils se rencontrer au pub ? Pourquoi Nick offre-t-il de conduire Margaret en ville ? Pourquoi Margaret ne peut-elle pas accepter l'offre de Nick ? Qui est censé téléphoner à Margaret ce matin ? Pourquoi Margaret n'essaie pas de téléphoner d'ici ? De quel pays d'Afrique viendra l'appel téléphonique ? A quelle fréquence Margaret est-elle appelée d'Afrique ? Qu'est-ce que Margaret voudrait que Nick fasse pour elle en ville ? Que veut-elle faire acheter par Nick ? Pourquoi ne veut-elle pas que Nick achète ses fruits au supermarché ? Qu'est-ce qu'un poulet Label Vert ? Qu'est que Margaret pourrait faire des pommes et des oranges si elle voulait les faire cuire ? Comment Margared a-t-elle l'intention de cuisiner le poulet ? Avec quoi servira-t-elle le poulet ? Pouvez-vous dessiner un plan détaillé (avec tous les points de repère) pour montrer où se trouve exactement le magasin de primeurs ? Pourquoi Margaret ne donne pas d'argent à Nick pour ses courses ? Combien d'argent Nick dépensera-t-il ? Pourquoi Margaret n'explique-t-elle pas à Nick où se situe la boucherie ? A quelle distance est-elle du pub ? Pourquoi Margaret n'est-elle pas abonnée régulière de Woman's Weekly ? A quelle fréquence le lit-elle ? Pourquoi Nick ne sait-il pas où se trouve la maison de la presse ? Quel est le gros titre sur le journal d'aujourd'hui ? Est-ce que Nick ira faire les courses de Margaret avant ou après avoir rencontré son ami(e) ? (Pourquoi / Pourquoi pas ?) Pourquoi le pub favori de Nick s'appelle-t-il le Pub de la Tour ? Combien de temps restera-t-il avec son ami(e) ? Pourquoi Nick ne va-t-il pas au pub de la Rue Nelson ? Est-ce tous les magasins devraient être ouverts le dimanche, à votre avis ? Comment Nick peut-il se rappeler tous les articles alimentaires qu'il devra acheter pour Margaret ? Pourquoi Margaret ne peut-elle pas aller faire les courses cet après-midi, au lieu de demander l'aide de Nick ? D'où vient M. Hamad ? Quelles sont les heures d'ouverture de son magasin de fruits et légumes ? Qu'est-ce que Nick pourra s'acheter (pour lui-même) quand il ira à la maison de la presse pour Margaret ?

Dialogue 16

- Pardon, s'il vous plaît…
- Bonjour Monsieur, Puis-je vous aider ?
- Oui. Je suis Joe King, de Birmingham. J'ai un billet pour Londres sur British Airways, et je cherche la porte 14.
- C'est la troisième porte à gauche après la cafétéria. A quelle heure est votre vol ?
- Laissez-moi voir sur mon billet. Je crois que c'est à 10h30…euh…non, 10h35, en fait. Puis-je laisser mes bagages près de votre guichet ?
- Bien sûr, Monsieur. Mais vous devez laisser votre valise au guichet de la British Airways. une demi-heure avant le décollage, vous savez.
- Je sais, merci. Mais il n'est que 10h moins quart, et je voudrais téléphoner à un(e) ami(e) avant de partir ? Y a-t-il une cabine près d'ici ?
- Il y en a une en face de la cafétéria, entre les toilettes et la consigne des bagages. Mais êtes-vous sûr que votre avion décolle aujourd'hui ?
- Que voulez-vous dire ?
- Je veux dire que les Steward de British Airways sont en grève cette semaine, et 60% de leurs vols sont annulés…
- Vraiment ? Et vous croyez que mon vol est annulé ?
- Un instant, Monsieur. Je peux vérifier sur l'ordinateur…voyons….Quel est votre N° de vol ?
- Euh… B.A. 6005…
- B.A.6005… Pas de problème, Monsieur. Votre vol n'est pas annulé. Mais ne le ratez pas à cause de votre appel téléphonique !
- Merci beaucoup.
- De rien, Monsieur. A votre service.

Questions (Imaginer sa réponse si nécessaire)

Où a lieu cette conversation? Pourquoi ce monsieur s'adresse-t-il à cette hôtesse? Pourquoi doit-il aller à la porte 14? A-t-il un billet d'aller simple ou d'aller-retour pour Londres? (Pourquoi?) Quand a-t-il réservé son vol pour Londres? Combien a-t-il payé pour son vol pour Londres? Pourquoi voyage-t-il seul? Que va-t-il faire à Londres? Combien de temps restera-t-il à Londres? Pourquoi a-t-il choisi de demander de l'aide précisément à cette hôtesse? Comment est cette hôtesse? Que voudrait-il faire avant de prendre son avion pour Londres? Qu'est-ce qu'il a comme bagages? Pourquoi n'a-t-il pas encore enregistré ses bagages? Comment est-il venu à cet aéroport? Pourquoi ne peut-il pas utiliser son téléphone mobile? Que peuvent faire les passagers à la consigne des bagages? Pourquoi l'hôtesse n'est-elle pas sûre que ce monsieur puisse s'envoler pour Londres aujourd'hui? Pourquoi ce vol pourrait-il être annulé? Combien de stewards de British Airways sont en grève? Qu'exigent les stewards pour reprendre le travail? Pourquoi ont-ils dû se mettre en grève? Quelle est la conséquence de la grève des stewards? Pourquoi ce passager a-t-il beaucoup de chance? Comment l'hôtesse peut-elle s'assurer que le vol de M. King n'est pas annulé? Pourquoi ce monsieur préfère-t-il laisser ses bagages près de ce guichet avant de téléphoner à son ami(e)? Avez-vous jamais connu une annulation de vol en tant que passager? Dans quelles circonstances? Avez-vous jamais connu un retard de vol? Combien de temps avez-vous dû attendre avant de décoller? Pourquoi les vols sont-ils occasionnellement annulés ou retardés? Pourquoi ne voyagez-vous jamais en première classe? Quel est le poids maximum normalement autorisé pour les bagages? A quelle fréquence prenez-vous l'avion? Que peut faire la compagnie pour les passagers quand un vol est soit retardé soit annulé? Avec quelle compagnie aérienne préférez-vous voler? Que pensez-vous des vols charters et low-costs? Comment réservez-vous vos vols, habituellement? Avez-vous jamais eu un problème avec la douane? Pourquoi de plus en plus de passagers réservent leurs vols sur Internet? Pouvez-vous dormir en avion?

Dialogue 17

- Qu'est-ce que tu fais cet été, Clara ?
- Je vais en Espagne, cette année.
- Quand est-ce que tu y vas ?
- Le 8 juillet.
- Avec qui ?
- Avec mon frère Andrew, ma belle-sœur et leurs trois enfants.
- Je vois. Et tu sais où vous allez séjourner ?
- Je crois qu'Andrew a une réservation pour trois semaines à Laredo.
- Où est-ce que c'est ?
- Dans le nord de l'Espagne, sur la côte atlantique.
- Vous allez vivre dans un camping ?
- Non, parce que Fiona, je veux dire, la femme d'Andrew, n'aime pas le camping. Alors on va rester à l'hôtel Miramar, près de Laredo.
- Bon sang ! Ton frère doit être riche ! Qu'est-ce qu'il fait ?
- Il est directeur d'une société de construction à Norwich.
- Alors, tu vas visiter l'Espagne, rencontrer des espagnols et vivre comme un millionnaire !
- Pas vraiment, Bill. En fait, je vais avec eux pour babysitter leurs enfants. Je veux me faire de l'argent pour acheter un vélo.
- Pourquoi tu veux acheter un vélo ?
- Eh bien, je voudrais aller camper avec mes ami(e)s de l'université. On va passer trois semaines au Pays de Galles, en août, près du Mont Snowdon.
- Alors, il faut que tu achètres un VTT, Clara !

Questions : (Imaginer sa réponse si nécessaire)

Où ira Clara cet été ? A-t-elle déjà visité l'Espagne ? Combien de temps restera-t-elle en Espagne ? Quand reviendra-t-elle d'Espagne ? Comment ira-t-elle à Laredo ? Avec qui ira-t-elle là-bas ? Pourquoi va-t-elle à Laredo avec la famille de son frère ? Pourquoi ne séjourneront-ils pas dans un camping ? Quel âge ont les enfants d'Andrew ? Pourquoi Andrew et Fiona ont-ils besoin d'une babysitter ? Pourquoi ont-ils choisi Clara comme babysitter ? Pourquoi Clara a-t-elle accepté de babysitter leurs enfants ? Que fera la famille à Laredo ? Comment profiteront-ils de leurs vacances d'été en Espagne ? Pourquoi Andrew et Fiona préfèrent-ils séjourner en hôtel ? Pourquoi ne louent-ils pas un appartement ou une maison ? Combien dépenseront-ils pour leurs vacances en Espagne ? Pourquoi Andrew est-il assez riche pour payer ? Combien d'argent faut-il à Clara pour acheter un vélo ? Dans quel but veut-elle avoir un vélo ? Comment Andrew et Fiona ont-ils choisi l'hôtel Miramar ? Pourquoi n'ont-ils pas choisi la Costa Brava ? Pourquoi Clara ne séjournera-t-elle pas en hôtel quand elle ira au Pays de Galles avec ses ami(e)s de l'université ? Combien de temps Clara passera-t-elle au Pays de Galles avec ses ami(e)s ? Qu'est-ce qu'elle étudie à l'université ? Pourquoi devrait-elle acheter un VTT, d'après Bill ? Qu'est-ce que la société d'Andrew construit ? Que fera Bill l'été prochain pendant que Clara sera en Espagne ou au Pays de Galles ? A-t-il un job d'été ? A quelle distance de Norwich se trouve l'Espagne, à votre avis ? Qu'est-ce qu'une bonne babysitter est censé faire ? Avez-vous jamais été babysitter ? Avez-vous jamais utilisé de babysitter pour vos propres enfants ? Pourquoi de plus en plus de parents ont besoin d'un babysitter ? Combien paie-t-on un babysitter ? Pourquoi les étudiants cherchent souvent un job d'été ? Quelles sortes de jobs d'été sont habituellement disponibles ? Comment choisiriez-vous un babysitter maintenant ? A quoi ressemble un bon hôtel de vacances ? Pourquoi l'Espagne est un meilleur endroit que le Pays de Galles pour le camping ? Que mangent les touristes en Espagne, d'habitude ? Quand Andrew a-t-il fait sa réservation pour Laredo ? Pourquoi la famille ne restera-t-elle pas quatre semaines ? Comment Clara sait-elle que Fiona n'aime pas le camping ? Que suggère le nom de " Miramar " ?

Dialogue 18

- Dis-moi, Mark. Est-ce que tu vas en Espagne en août, comme d'habitude ?
- Non, Sarah, pas cette année, je le crains.
- Pourquoi ?
- Parce qu'on va acheter une maison à Stamford. En fait, on rencontre les propriétaires mardi soir.
- Mais tu ne travailles pas à Stamford, n'est-ce pas ?
- Non. Mais elle n'est qu'à 25 kilomètres d'ici, et cette maison est une super occasion.
- A quoi elle ressemble ?
- Eh bien, il y a un grand jardin pour les enfants, cinq chambres et un double garage. Le tout pour 45 000 livres !
- Vraiment ! Et comment est le séjour ?
- Oh, c'est la plus grande pièce, bien sûr. Je crois que j'ai quelques photos ici dans ma veste. Tu veux y jeter un coup d'œil ?
- Oui, s'il te plaît, bien que je préfère habiter en appartement, comme tu le sais sans doute.
- La voilà. Elle est belle, hein ?
- Certainement, Mark, mais…qu'est-ce que c'est que ce vieux bâtiment ? Ce ne serait pas la Tour Nelson ?
- Si, Sarah. En fait, l'adresse est au 34, Chemin de Nelson. Tu connais cet endroit ?
- Bien sûr. Je suis architecte chez Simpson, tu sais, et on est en train de travailler sur un projet pour ce coin.
- Vraiment ? Et c'est quoi le projet ?
- C'est pour un aéroport et une bretelle d'autoroute. J'ai bien peur que ta maison soit un piège !

Questions : (Imaginer sa réponse si nécessaire)

Où Mark part-il en vacances, d'habitude ? Quelle partie d'Espagne préfère-t-il ? Pourquoi ne va-t-il pas en Espagne cette année ? Que doit-il faire avec les propriétaires mardi soir ? Pourquoi veut-il acheter une maison ? Comment a-t-il fait pour trouver cette maison particulière ? Pourquoi est-il particulièrement intéressé par cette maison ? Est-ce qu'il (la) négocie avec un agent immobilier ? Pourquoi les propriétaires vendent-ils leur maison ? Combien la vendent-ils ? Combien de photos de la maison Mark a-t-il dans sa veste ? C'est pour quoi faire ? En supposant que Mark vient de vous montrer les photos, pouvez-vous décrire celle que vous préférez ? Pourquoi Sarah préfère-t-elle habiter en appartement ? Quand est-ce que Mark a pris les photos de la maison ? Quelles sont les surfaces de la maison et du jardin en mètres carrés ? Comment Sarah reconnaît-elle le quartier de la Tour Nelson ? Comment connaît-elle cet endroit ? Quand est-ce que la Tour Nelson a été construite ? Quel âge a-t-elle maintenant, donc ? Quelle est la hauteur de cette tour ? Dans quel but la Tour Nelson a-t-elle été construite ? A quelle distance de la future maison de Mark se trouve la tour ? Est-ce que la Tour Nelson sera démolie à cause du projet d'aéroport ? Pourquoi / Pourquoi pas ? Pourquoi Mark a-t-il beaucoup de chance en rencontrant Sarah maintenant ? Quel est le travail actuel de Sarah ? Pourquoi Mark n'est-il pas au courant du projet d'aéroport ? Quand l'aéroport sera-t-il inauguré ? Comment les propriétaires ont-ils été informés avant tout le monde ? Que devrait faire Mark maintenant ? Qu'est-ce que Mark serait obligé de faire s'il achetait cette maison malgré l'aéroport ? Qui sont les propriétaires de Stamford ? Depuis combien de temps essayent-ils de vendre leur maison ? Qui était Nelson ? Où est-il mort ? Connaissez-vous le nom de son dernier navire de guerre ? Avez-vous jamais acheté une maison ou un appartement ? Comment êtes-vous tombé(e) sur cette occasion ? Préférez-vous acheter ou vendre une maison ou un appartement avec ou sans l'aide d'un agent immobilier ? Comment peut-on tout vérifier et éviter les pièges avant d'acheter une maison ou un appartement ?

Dialogue 19

- Torquay 24 47 61...
- Allo ! Je voudrais parler à Tony Watson, s'il vous plaît.
- C'est moi, Tony Watson. Qui est à l'appareil ?
- Je suis une ami de votre fille Rosemary. Peut-être me connaissez-vous : je suis Sandra Wilkins, de York.
- Ah oui, je vois. Vous êtes la fille blonde sur les photos d'Ecosse, n'est-ce pas ?
- C'est cela, oui....euh...votre fille n'est pas chez vous, n'est-ce pas ?
- Non...mais...que se passe-t-il ? Vous ne voulez pas lui parler ?
- Non, M. Watson. Je sais qu'elle travaille au centre commercial le samedi. C'est pour ça que je vous appelle maintenant, en fait.
- Eh bien, je vous écoute. De quoi s'agit-il ?
- Je téléphone juste à propos de son anniversaire. C'est bien (ce) vendredi, n'est-ce pas ?
- C'est exact.
- Eh bien, j'aimerais venir à sa soirée d'anniversaire à Torquay, cette fois-ci.
- Vraiment ? Vous voulez dire que vous pouvez être avec nous vendredi ? C'est génial !
- Oui. Elle m'invite chaque année, et cette fois-ci je peux venir. Mais je voudrais lui faire la surprise.
- Ne vous inquiétez pas Sandra. Je ne lui dirai pas. A quelle heure arrivez-vous vendredi ?
- Vers 15h. Est-ce que vous pouvez me dire ce qu'elle aimerait comme cadeau ?
- Eh bien, nous lui achetons une Mini d'occasion, mais les sièges ne sont pas très propres. Pourquoi ne pas lui acheter un jeu de housses ?

Questions : (Imaginer sa réponse si nécessaire)

Qui téléphone aux Watson? Pourquoi M. Watson ne reconnaît-il pas la voix au téléphone? Pouruqoi Mme Watson ne répond-t-elle pas à l'appel téléphonique? D'où Sandra Wilkins appelle-t-elle? Comment M. Watson sait-il que Sandra est blonde? Pourquoi se rappelle-t-il la photo si facilement? Où est-ce que la photo a été prise? Que faisaient Sandra et Rosemary ensemble en Ecosse? Quel jour est-on (pendant ce dialogue)? A quel propos Sandra Wilkins téléphone-t-elle? Pourquoi M. Watson est-il surpris? Pourquoi Sandra ne veut-elle pas parler à Rosemary? Où est Rosemary pendant cet appel téléphonique? Où travaille Rosemary, précisément? En quoi consiste son travail du samedi? Combien de temps travaille-t-elle chaque samedi? A quelle heure commence-t-elle et finit-elle sa journée de travail? Combien gagne-t-elle chaque samedi? Pourquoi a-t-elle besoin de travailler le samedi? Que fait-elle de l'argent qu'elle gagne chaque samedi? Comment le dépense-t-elle? Vous pensez que Sandra et Rosemary ont quel âge? Comment se connaissent-elles? Quelle est la surprise de Sandra pour Rosemary? Depuis combien de temps sont-elles amies? Pourquoi Sandra ne pouvait-elle pas venir à l'anniversaire de Rosemary jusqu'à cette année bien qu'elle ait été invitée? Comment Sandra viendra-t-elle a Torquay vendredi? A quelle distance de York se situe Torquay? Pourquoi ne viendra-t-elle pas en train / avion / voiture? A quelle heure débutera l'anniversaire vendredi ? Combien de personnes sont invitées à l'anniversaire de Rosemary? Pourquoi est-ce organisé un vendredi ? Quel cadeau M. Watson offrira-t-il à sa fille vendredi? Quel âge a la Mini d'occasion? Pourquoi M. Watson n'achète pas une voiture neuve pour sa fille? Quel est le kilométrage de cette voiture d'occasion? Qu'est-ce que M. Watson conseille à Sandra d'acheter pour Rosemary? Pourquoi suggère-t-il des housses? De quelle couleur est la Mini? Quelle couleur choisiriez-vous pour les housses si vous étiez Sandra? Quels autres cadeaux Rosemary recevra-t-elle pour son anniversaire, qui pourraient être utiles pour conduire? Quand est-ce que Rosemary a réussi son examen de conduite ?

Dialogue 20

- Pardon, Madame…savez-vous si Mme Brown est à Manchester cette semaine ?
- Je crois que oui. Laissez-moi vérifier sur le planning. Oui…elle travaille à Manchester de lundi à jeudi.
- Quand revient-elle à Liverpool ?
- Jeudi soir, je suppose.
- Vous pensez que je peux la rencontrer jeudi soir ?
- Je crains que non. Elle dîne au club de badmington.
- Au club de Badmington ? Le Club de Springfield, vous voulez dire ?
- Oui. Elle est membre de l'Association de Springfield, vous savez. Et ils se rencontrent toutes les trois semaines au restaurant du club.
- Je vois… Et vendredi, alors ? Puis-je la rencontrer vendredi matin ?
- Je ne crois pas. Elle doit rencontre trois docteurs qui viennent d'Australie. Ils veulent visiter l'hôpital avec elle. Et une visite complète dure deux à trois heures, d'habitude.
- Dommage. Et vendredi après-midi ?
- Eh bien, d'habitude, elle déjeune avec le Pr. Baldwin et quelques assistants et infirmières. Ensuite, voyons….ah oui ! Il y a une réunion de service de 14h à 16h30. Peut-être qu'elle peut vous rencontrer à 17h, si vous voulez. Donnez-moi juste vos nom et numéro de téléphone, s'il vous plaît.
- Je suis Kevin Bromhead, de la Clinique St Patrick de Galway, et…
- Vraiment ? Alors je crois que j'ai un message pour vous… Regardez, c'est de Mme Brown. Elle veut que vous la retrouviez à Manchester mercredi après-midi.

Questions : (Imaginer sa réponse si nécessaire)

Est-ce que cette conversation a lieu à Liverpool ou Manchester ? Où travaille Mme Brown ? Qu'est-ce qui vous fait penser que Mme Brown travaille dans les deux villes ? Croyez-vous qu'elle est médecin (de profession) ? En supposant que Mme Brown travaille dans les deux villes, quelle ville préfère-t-elle habiter ? Pourquoi ? Comment va-t-elle jusqu'à l'autre ville chaque fois qu'elle doit y travailler pendant quelques jours ? Pourquoi préfère-t-elle ce moyen de transport ? Pourquoi n'habite-t-elle pas à mi-chemin entre ces villes ? Où Mme Brown mange-t-elle et dort-elle chaque fois qu'elle doit travailler à Manchester/Liverpool ? Comment la secrétaire peut-elle dire à M. Bromhead où se trouve Mme Brown en ce moment ? Pourquoi Kevin ne peut-il pas rencontrer Mme Brown jeudi soir ? Que fera-t-elle jeudi soir ? Comment Kevin connaît-il le Club de Springfield de Livepool, bien qu'il soit de Galway en Irlande ? A quelle fréquence les membres du club se rencontrent-ils, et pour quoi faire ? Qui visitera l'hôpital vendredi ? Comment Mme Brown organisera-t-elle la visite de vendredi matin ? Où déjeunera-t-elle, et avec qui ? Pourquoi trois docteurs australiens visitent cet hôpital ? Quelle est la spécialité du Pr. Baldwin ? Combien de temps durera la réunion de service de vendredi ? Sur quoi portera la réunion de cette semaine ? Qu'auraient dû faire Kevin et l'hôtesse d'accueil au début de cette conversation ? Comment l'hôtesse d'accueil sait-elle que Mme Brown veut rencontrer Kevin mercredi après-midi ? Pourquoi Kevin et Mme Brown ont-ils besoin de se rencontrer ? Comment Kevin ira-t-il à Manchester mercredi ? Est-ce une rencontre privée ou professionnelle, à votre avis ? Que fait Kevin à la Clinique St Patrick ? En supposant que vous êtes un membre du Club de Springfield, depuis combien de temps êtes-vous membre ? Combien de membres y a-t-il dans ce club ? Combien coûte la cotisation pour une année ? A quelle fréquence jouez-vous d'habitude ? Quand exactement ? Combien de temps chaque fois ? Avec qui jouez-vous ? Combien de sports différents sont disponibles dans ce club ? Quel âge ont les participants ?

Dialogue 21

- Pardon, Monsieur. Pourriez-vous répondre à quelques questions, s'il vout plaît ?
- Pour qui est-ce ?
- C'est pour le Daily Telegraph et Radio Four. Est-ce que vous écoutez la radio tous les jours ?
- Oui, mais je n'écoute pas Radio Four d'habitude, je crains.
- C'est sans importance. Quelle radio écoutez-vous ?
- La BBC, bien sûr. Je veux dire, Radio Three, et parfois Radio Mersey pour les infos locales.
- Est-ce que vous écoutez la radio à la maison, au travail ou dans votre voiture ?
- Dans la voiture, d'habitude. Soit en allant au travail le matin, où quand je reviens chez moi à 17h30.
- Je vois. Combien de temps cela fait chaque fois ?
- Environ vingt minutes.
- Quels programmes préférez-vous ?
- Eh bien, je crois que la radio est très bonne pour les nouvelles toutes fraîches, particulièrement quand on n'a pas le temps de lire le journal tous les jours.
- Et pour la musique ?
- J'aime écouter de la musique classique, mais le son n'est pas très bon en voiture. Et la plupart des radios ne donne que de la musique disco et des chansons stupides. Elles ne sont bonnes que pour les ados.
- Je suppose que vos enfants ont une opinion différente.
- Oh oui, malheureusement. Ils mettent la radio pour faire leurs devoirs !
- Et votre femme ?
- Ma femme ! Elle parle tout le temps, même quand j'écoute la radio !

Questions : (Imaginer sa réponse si nécessaire)

Où à lieu cette interview ? Que faisait ce monsieur juste avant cette interview ? Sur quoi porte cette enquête ou ce sondage ? Qui paie la personne qui interview et sa société ? Combien de temps ce monsieur écoute-t-il la radion chaque jour ? A quelle distance de chez lui travaille-t-il ? Pourquoi n'écoute-t-il pas de la musique classique en conduisant ? Pourquoi écoute-t-il Radio Mersey ? Quelle est l'utilité de la plupart des radios, selon lui ? Pourquoi ne peut-il pas lire le journal tous les jours ? Que veut dire ce monsieur par " nouvelles toutes fraîches " ? Pourquoi n'aime-t-il pas la plupart des radios ? Pourquoi l'interview est-elle intéressante pour la dame, même si ce monsieur n'est pas un auditeur de Radio Four ? Pourquoi n'écoute-t-il pas la radio chez lui ou au travail ? Quel est le problème avec sa femme ? Que pense-t-il du goût musical des adolescents ? Quand est-ce que ses enfants écoutent la radio d'habitude ? Que peut faire la famille de ce monsieur quand ils sont tous ensemble dans la voiture pour un long voyage ? Avez-vous jamais été interviewé (ou sondé) dans la rue ? Que pensez-vous des sondages d'opinion et des enquêtes ? Quand faites-vous personnellement attention aux statistiques et aux chiffres donnés par les médias ? Préférez-vous lire, regarder ou écouter les informations quotidiennes ? Pourquoi ? Combien de temps par jour ? Etes-vous abonné a un journal ou magazine ? Quelle radio écoutez-vous personnellement ? Qui est votre présentateur radio ou télé favori ? Quelles sont les qualités d'un bon journaliste ? Etes-vous personnellement capable de travailler avec un fond sonore de télé ou de radio ? Pourquoi / Pourquoi pas ? Quels sont les avantages et inconvénients d'un baladeur ou MP3 ou I-Pod, à votre avis ? Si vous pouviez payer et diriger un sondage ou une enquête statistique, quel en serait le sujet ? Aimez-vous les lecteurs vidéo pour les enfants, soit dans leur chambre soit dans la voiture familiale ? Pourquoi / Pourquoi pas ? Quand cela peut-il devenir dangereux d'écouter la radio en conduisant une voiture ? Qu'en est-il d'un GPS ? Avez-vous un GPS dans votre propre voiture ? Pourquoi / Pourquoi pas ? Pour qui un GPS est-il utile, et à quoi sert-il ?

Dialogue 22

- Garçon, s'il vous plaît ?
- Juste un instant, s'il vous plaît, Madame…… Bonsoir. Que puis-je faire pour vous ?
- Je voudrais commander une spécialité. Quel plat recommandez-vous ?
- Euh… Nous avons une très bonne soupe de poisson aujourd'hui, comme d'habitude le vendredi. Et après cela, vous pouvez prendre une tranche de thon avec une sauce au vin blanc.
- Mmmm…je n'aime pas vraiment le poisson, je crains. Pouvez-vous recommander un plat de viande ?
- Bien sûr. Notre meilleur plat de viande est le Bœuf en Croûte du Yorkshire. Il est servi avec de la purée de pommes de terre et de carottes. La sauce est un mélange de vin rouge, de crème, d'oignons et de champignons. C'est délicieux.
- Je suppose. Je prendrai donc un Bœuf en Croûte du Yorkshire.
- Et comme entrée, Madame. Est-ce que vous prenez une entrée ?
- Pourquoi pas ? Peut-être une de vos salades ? Qu'est ce c'est, la Salade Mélangée de Bernie ?
- C'est une salade verte très rafraîchissante avec un mélange de fruits exotiques et de bacon chaud. Mais les gens l'aiment beaucoup, et il faut que je voie s'il nous en reste en cuisine.
- Eh bien, tant pis. S'il n'en reste plus, apportez-mois simplement une salade espagnole.
- D'accord… Voulez-vous du vin avec votre repas ? La liste des vins est ici… Comme vous pouvez le voir, nous avons 45 vins différents importés de France, d'Espagne, d'Italie et de Californie.
- De Californie, dites-vous ? Comment est le vin californien ?
- Il est bien aussi bon que les meilleurs vins français, Madame. Et pas aussi cher. Je vous recommande particulièrement le Ranch Santa Fé. Je vous apporte une bouteille ou une demi-bouteille ?
- Une bouteille, s'il vous plaît : je la finirai avec du fromage français après le plat principal. Je meurs de faim !

Questions : (Imaginer sa réponse si nécessaire)

Qu'est-ce que le serveur recommande de prendre le vendredi ? Pourquoi le poisson est-il plus frais le vendredi ? Pourquoi suppose-t-il que la dame préférera un plat de poisson ? Quel est le plat de poisson du jour ? Pourquoi le serveur a-t-il pour instruction de la cuisine de recommander un plat de poisson ? Comment savons-nous que c'est l'heure du dîner ? Pourquoi cette dame dîne-t-elle seule ? Comment sait-on que c'est la première fois que cette dame vient dans ce restaurant ? Comment cette dame a-t-elle pu trouver l'adresse de ce restaurant si elle ne connaît pas cette ville ? Combien de vins français sont disponibles sur la liste des vins ? Et combien des autres pays ? Est-ce que cette dame a déjà goûté du vin californien auparavant ? Que prendra-t-elle après le plat principal ? Pourquoi le garçon recommande-t-il une bouteille de vin californien ? Quelle marque recommande-t-il. ? Combien cette dame devrait-elle payer pour son repas, à votre avis ? Combien donnera-t-elle comme pourboire ? Que doit vérifier le serveur à la cuisine ? Pourquoi n'est-il pas sûr concernant la Salade Mixte de Bernie ? Pourquoi cette dame ne demande-t-elle pas ce qu'est une salade espagnole ? Pensez-vous que cette dame boit trop ? Que devrait-on trouver dans une salade espagnole ? Comment cette dame payera-t-elle son repas ? Quels plats choisiriez-vous si vous dîniez avec cette dame dans ce restaurant ? Déjeunez-vous ou dînez-vous souvent seul au restaurant ? (Pourquoi / Pourquoi pas ?) Pourquoi peut-on supposer que cette dame n'a pas mangé à midi ? Pourquoi n'a-t-elle pas pu déjeuner aujourd'hui ? Pourriez-vous décrire ce restaurant ? Comment est la salle ? Qui sont les autres clients ? Combien de temps durera le dîner de cette dame ? Que fera-t-elle après avoir dîné dans ce restaurant ? Pourquoi boit-on moins de vin qu'avant dans la plupart des restaurants ? Quel est votre vin préféré ? Imaginez que vous deviez dire à cette dame où sont les toilettes : que lui diriez-vous ? Avez-vous jamais goûté du vin californien ? Etes-vous d'accord avec le serveur au sujet du Santa Fé ? Si vous deviez concevoir une nouvelle étiquette pour une bonne bouteille, à quoi ressemblerait-elle ?

Dialogue 23

- Allo ? C'est Andrew Miller ?
- Oui, c'est moi. Je suis désolé, la ligne n'est pas très bonne… Qui est à l'appareil ?
- C'est Barbara, je veux dire, Barbara Doolittle, de Peterborough.
- Oh ! Quelle surprise ! Comment allez-vous, Barbara ?
- Je vais très bien, merci. Je suppose que vous savez que nous avons une nouvelle maison à la campagne. C'est pour ça que nous vous appelons, vous et Nancy, en fait. Nous aimerions vous inviter avec quelques amis de l'université. Pouvez-vous venir dîner le samedi 14 ?
- Bien sûr, Barbara ! Vous savez à quel point nous aimons votre cuisine ! Vous allez refaire un Bœuf Bourguignon ?
- Je ne crois pas, Andrew. J'ai une nouvelle recette et je suis sûre que vous aimerez. Mais, ne vous inquiétez pas, ce sera un plat français, comme d'habitude.
- Parfait ! A quelle heure pouvons-nous venir le samedi 14 ?
- Eh bien, j'aurais à faire des courses pour les enfants dans l'après-midi, et George doit conduire Tommy au club de foot et le ramener. Mais pourquoi ne pas venir, disons, à 18h30 ?
- D'accord. J'en parlerai à Nancy, parce que peut-être qu'elle ira à son club de théâtre le 14. D'habitude, elle y va tous les quinze jours, vous savez, et c'est de 16 à 19h.
- ça ne fait rien, Andrew. Vous pouvez venir à n'importe quelle heure entre 18h30 et 20h30. C'est d'accord ?
- Pas de problème, Barbara. Nous arriverons certainement avant 20h30.
- Bon. De toute façon, je ne crois pas que les Palmer et les Flint puissent venir avant 19h30, alors…
- Les Palmer ? Vous voulez dire que vous invitez les Palmer avec nous ? Je crains que Nancy n'apprécie pas du tout !

Questions : (Imaginer sa réponse si nécessaire)

Pourquoi Barbara téléphone-t-elle aux Miller ? Pourquoi Barbara ne reconnaît-elle pas la voix d'Andrew ? Quelle heure est-il pendant cet appel téléphonique ? Pourquoi la femme d'Andrew ne peut-elle pas répondre à cet appel téléphonique ? Où Barbara veut-elle inviter les Miller, et pourquoi dans ce lieu précis ? Pourquoi les Doolittle préfèrent-ils inviter leurs amis un samedi soir ? Combien de personnes les Doolittle veulent-ils inviter à leur pendaison de crémaillère ? Comment les amis des Doolittle se connaissent-ils ? Pourquoi Andrew est-il si enthousiaste au début ? Pourquoi Barbara sait-elle cuisiner des plats français ? Qu'a-t-elle cuisiné la dernière fois qu'elle a invité Andrew ? Que devra faire Barbara pour ses enfants samedi après-midi ? Et (que devra faire) son mari ? Qu'est-ce qu'Andrew devra vérifier concernant le planning de sa femme pour le samedi 14 ? Comment peut-on dire qu'Andrew ne s'intéresse pas vraiment au club de théâtre de sa femme ? Quelle pièce de théâtre la femme d'Andrew répète-t-elle ? Quel personnage jouera-t-elle dans cette pièce ? Combien de temps le club de Nancy répète-t-il sa pièce tous les quinze jours ? Pour quand est le spectacle ? Quelle différence cela fera-t-il si Nancy doit aller à son club de théâtre le samedi 14 ? Pourquoi Andrew n'est-il pas membre du club de théâtre ? Pourquoi ne peut-il pas assister sa femme pour le décor ? Qu'est-ce qu'Andrew préfère faire chaque fois que sa femme est au club de théâtre ? Quel est le problème à la fin ? Est-ce qu'Andrew dit la vérité ? Pourquoi Nancy n'aime pas les Palmer ? Que peut faire Barbara pour résoudre ce problème, si elle a déjà téléphoné aux Palmer et aux Flint ? Comment réagiriez-vous si vous étiez invité(e) avec des gens que vous n'aimez pas du tout ? Pourquoi Barbara ne sait-elle pas que Nancy n'aime pas les Palmer, puisqu'ils étaient ensemble à l'université ? Avez-vous jamais joué un personnage dans une pièce ou un spectacle ? A quelle fréquence allez-vous au théâtre ? Comment est votre vie sociale ? A quelle fréquences avez-vous des soirées-dîners ? Etes-vous membre d'un club ? Pourriez-vous expliquer la recette du Bœuf Bourguignon, avec tous les ingrédients dont on a besoin pour ce plat ?

Dialogue 24

- Bonjour Monsieur.
- Bonjour, M. Renaldo. Je suis Jack Hamilton. Vous ne me connaissez pas, probablement, mais ma femme achète de quoi manger ici, d'habitude...
- Oh oui, bien sûr ! Mme Hamilton est une de mes meilleures clientes. Comment va-t-elle ?
- Très bien, merci. Elle est à Malte avec ses parents, cette semaine. Mais ils reviennent demain et je dois acheter de quoi manger pour les accueillir. Alors, je fais les courses pour la première fois en vingt ans !
- Je vois. Et que vais-je donc vous donner, M. Hamilton ?
- Je voudrais de la viande, des légumes et des fruits, c'est tout.
- C'est à dire ?
- Eh bien, vous savez ce que ma femme achète d'habitude, non ?
- Euh...oui, bien sûr. Mais d'habitude, les gens me disent ce qu'ils préfèrent acheter. Les produits frais sont différents chaque semaine, vous savez, et les prix aussi peuvent être différents.
- Eh bien, dans ce cas, j'aimerais quelques tranches de jambon, disons...six tranches. Et combien coûtent ces côtelettes d'agneau ?
- £6.50 le kilo. C'est de l'agneau primeur d'Irlande.
- Et combien de côtelettes doit-on acheter pour trois adultes et deux enfants ?
- Eh bien, deux ou trois côtelettes par personne, normalement. Pourquoi ne pas en acheter 15, par exemple ?
- Mmm... Oui, pourquoi pas...et comment les cuisine-t-on ?
- Alors là, je suis désolé, M. Hamilton, mais ces dames attendent derrière vous, et je crains de ne pas pouvoir vous donner un cours de cuisine !
- Oh, désolé ! Vous avez tout à fait raison, M.Renaldo. Tant pis, je les emmènerai tous au restaurant.

Questions : (Imaginer sa réponse si nécessaire)

Pourquoi M. Renaldo ne connaît-il pas M. Hamilton ? Pourquoi M. Hamilton fait-il des courses alimentaires aujourd'hui ? Pourquoi M. Hamilton ne va-t-il jamais faire les courses alimentaires ? Que fait-il pendant que sa femme fait les courses ? Savez-vous où se trouve Malte ? Connaissez-vous la capitale de cette petite île ? A quelle fréquence Mme Hamilton vient-elle au magasin de M. Renaldo ? Pourquoi préfère-t-elle ce magasin ? Avec qui sa femme est-elle à Malte ? Pourquoi M. Hamilton n'est-il pas à Malte avec sa femme ? Depuis combien de temps Mme Hamilton est-elle à Malte avec ses parents ? Comment sont-ils allés à Malte ? Où pensez-vous que les enfants mangent et dorment, s'ils ne sont pas à Malte avec leur mère ? Où M.Hamilton déjeune-t-il et dîne-t-il quand sa femme n'est pas là, puisqu'il ne sait pas cuisiner ? Pourquoi M. Renaldo a-t-il besoin de plus de détails sur ce que M. Hamilton voudrait acheter ? Qu'est-ce que M. Hamilton a envie d'acheter dans le magasin de M. Renaldo ? D'où vient l'agneau ? Pourquoi M. Hamilton veut-il acheter <u>six</u> tranches de jambon ? Que signifie " agneau primeur " ? Pourquoi M. Renaldo recommande-t-il d'acheter 15 côtelettes d'agneau ? Pensez-vous que c'est assez, ou trop ? Combien de personnes mangeront ensemble, en supposant que les enfants des Hamilton seront présents ? Pourquoi M. Hamilton commande-t-il des côtelettes d'agneau pour seulement 5 personnes au lieu de 6 ? Pourquoi M. Renaldo ne peut-il pas donner un cours de cuisine à M. Hamilton ? Combien de personnes attendent ? Quelle est la décision finale de M. Hamilton ? Pourquoi préfère-t-il les emmener tous au restaurant ? Pensez-vous que les hommes et les femmes qui font des courses alimentaires achètent les même choses ? (Pourquoi / Pourquoi pas ?) A quelle fréquence allez-vous faire des courses alimentaires ? Où achetez-vous la plupart de vos aliments quotidiens ? Quelle est la différence entre les magasins et les marchés de rue en ce qui concerne les aliments frais, à votre avis ? Comment cuisineriez-vous des côtelettes d'agneau, si vous étiez M. Hamilton ? Avec quoi les serviriez-vous ? Dans quel restaurant M. Hamilton invitera-t-il sa famille ? Qu'est-ce que sa femme lui rapportera de Malte ? Que devrait faire M. Hamilton dès que possible si le restaurant est très populaire ou réputé ?

Dialogue 25

- Bonjour Mme Campbell. Puis-je me présenter : je suis Nigel Stark, votre voisin.
- Oh, je suis heureuse de vous rencontrer, M. Stark. Je ne savais pas que vous emménagiez cette semaine.
- Eh bien, en fait, nous avons emménagé le week-end dernier, mais vous n'étiez pas chez vous, apparemment.
- C'est vrai. On est allés à Bristol voir la famille de mon beau-frère. Dites-moi, où viviez-vous avant d'acheter la maison de Mlle Wilkins ?
- Nous avions un vieil appartement au centre ville, rue Cornwall (de Cornouailles), à côté de la Banque Midland.
- Je vois. Et je suppose que vous avez acheté cette maison pour avoir un peu plus de place, n'est-ce pas ?
- Exactement, Nous n'avions que trois chambres, et le parc le plus proche était en face de la gare. C'était près de mon cabinet, mais pas très pratique pour une famille avec quatre jeunes enfants.
Bien sûr. De toute façon, je suis sûre que vous aimerez Maple Park ? C'est le meilleur quartier de Bath. Nous avons un terrain de jeu, une piscine, une école primaire, et je suppose que vous savez qu'il y a un nouveau centre commercial à trois kilomètres d'ici, en direction de Bristol ?
- Oui. C'est là que ma femme travaillera à partir de la semaine prochaine, en fait.
- Vraiment ? Quel est son métier ?
- Elle sera vendeuse à la boulangerie en face du supermarché. C'est pour ça qu'on a acheté cette maison. Ca ne me dérange pas d'aller au travail en bus si elle a la voiture.
- Remarquez, il n'y a pas beaucoup d'autobus dans le quartier, particulièrement le week-end.
- Eh bien, peut-être qu'on achètera une voiture d'occasion, si nécessaire.
- Je vois que vous avez autant d'argent que vous voulez ! Quel est votre métier ?
- Je suis chirurgien à la Clinique St. Patrick.

Questions : (Imaginer sa réponse si nécessaire)

Pourquoi faut-il que M. Stark se présente à Mme Campbell ? Que sont-ils (l'un pour l'autre) à partir de maintenant ? Pourquoi Mme Campbell n'a-t-elle pas remarqué quand les Stark ont emménagé ? Que fêtait-elle à Bristol ? Pourquoi les Stark ont-ils emménagé pendant un week-end ? Qui les a aidés à emménager le week-end dernier ? De quoi les Stark ont-ils sans doute eu besoin pour emménager ? Pourquoi n'ont-ils pas utilisé service de déménageurs ? Pourquoi Mlle Wilkins a-t-elle vendu sa maison ? Combien les Stark ont-ils payé cette maison ? Pourquoi les Stark ont-ils dû passer d'un appartement à une maison ? Comment ont-ils pu trouver cette maison ? Pourquoi Mme Stark est-elle sûre que les Stark aimeront Maple Park ? Pourquoi est-ce le meilleur quartier de Bath ? Que pourront faire les enfants des Stark au terrain de jeu ou à la piscine locale ? Quel était le seul avantage de leur précédente adresse, particulièrement pour la vie quotidienne de M. Stark ? Qu'est-ce qui sera différent dans la vie quotidienne de M. Stark à partir de maintenant ? (le matin, à midi et le soir ?) Où M. Stark déjeunera-t-il, et avec qui, désormais ? Qu'est-ce que les Stark devront acheter ? Que fera Mme Stark au centre commercial ? En quoi consistera réellement son nouveau travail ? Pensez-vous que Mme Stark veut travailler ou doit travailler ? Qu'est-ce qui vous fait penser cela ? Comment Mme Stark a-t-elle trouvé cette opportunité d'emploi ? Que fera-t-elle de son futur salaire ? Comment devra-t-elle s'organiser avec quatre jeunes enfants et un emploi à temps plein ? Qui babysittera les enfants des Stark après l'école ? Pourquoi auront-ils besoin d'une seconde voiture ? Quelle est la spécialité du Dr. Stark à la Clinique St. Patrick ? Comment a-t-il rencontré sa femme ? Qui prendra soin du jardin, et quand ? Combien de temps les Stark ont-ils vécu dans leur ancien appartement ? Combien de temps de trajet aura le Dr. Stark pour aller au travail et revenir ? Quel âge ont les enfants des Stark ? Quelle serait votre limite personnelle concernant la distance entre chez vous et votre lieu de travail ? Pourquoi de plus en plus de gens vivent loin du centre ville ? Quelles en sont les conséquences ? Combien de temps passez-vous en trajets quotidiens ? Quel moyen de transport préférez-vous ?

Dialogue 26

- Dites-moi, Mme Hoover…que faisiez-vous au moment de l'accident ?
- Je quittais la station-service, et je regardais le trafic. Il y avait beaucoup de voitures qui venaient de l'autoroute. Alors, comme je ne pouvais pas démarrer pendant un moment, je regardais le carrefour suivant.
- Et c'est à ce moment-là que l'accident est arrivé, je suppose ?
- Oui, Monsieur. Le feu était d'abord rouge, puis il est passé au vert, et la plupart des voitures venant de l'autoroute sont allés tout droit dans l'avenue Oakley pour prendre le pont. Tout d'un coup, une voiture noire est venu du centre ville, c'est à dire de la rue Fox, à droite.
- Qu'est-ce que c'était, comme voiture ?
- Je ne connais pas grand-chose aux voitures, mais mon mari a dit que c'était une voiture française.
- Vous voulez dire une voiture fabriquée en France, ou bien un conducteur français ?
- Les deux, en fait. Mon mari a dit que c'était une Peugeot 205, et a même remarqué un bout de la plaque d'immatriculation.
- C'est à dire ?
- Eh bien, il est sûr que les lettres étaient D.E.J. et que je dernier numéro, 75.
- Mmmm…Ce doit être un de ces chauffards français de Paris ! Alors, que s'est-il passé ensuite ?
- La voiture noire a embouti la Rover blanche, et puis les voitures derrière la Rover se sont embouties les unes dans les autres, et la Peugeot noire s'est simplement enfuie aussi vite que possible, avec un gros choc dans la porte du chauffeur. Elle a pris la Route d'Exeter, juste en face de la Rue Fox.

Questions : (Imaginer sa réponse si nécessaire)

Pourquoi le policier interviewe-t-il Mme Hoover ? A quel titre est-elle concernée par cet accident ? Que faisait Mme Hoover juste avant l'accident ? Pourquoi ne pouvait-elle pas quitter la station-service ? Pourquoi Mme Hoover s'était-elle arrêtée à la station-service ? Quelle quantité de carburant avait-elle acheté ? (En gallons) D'où venait et où allait la majeure partie du trafic ? Pourquoi y avait-il un embouteillage ? Pourquoi la police ne peut-elle pas interroger le conducteur qui a causé l'accident, au lieu d'interviewer Mmr Hoover ? D'où venait la voiture noire ? Pourquoi Mme Hoover suppose-t-elle que le conducteur était français ? Pourquoi la voiture noire ne s'est-elle pas arrêtée quand le feu est passé au rouge pour les gens venant de la Rue Fox ? Pourquoi la voiture noire ne s'est-elle pas arrêtée après avoir causé l'accident avec la Rover blanche ? Pourriez-vous dessiner un plan de rue précis montrant l'autoroute, la station-service et le carrefour ? Que peut faire la police pour retrouver l'automobiliste dangereux qui a causé cet accident ? Que fait le mari de Mme Hoover pendant cet accident ? Comment a-t-il pu voir le numéro d'immatriculation ? Si Mme Hoover ne pouvait pas voir de tels détails depuis la station-service, que faisait-il près du carrefour ? Qui conduisait la Rover blanche ? Est-ce que quelqu'un a été blessé dans cet accident ? Comment cela ? Quels sont les dommages matériels sur la Rover blanche ? A combien s'élèveront les frais de réparation nécessaires ? Pourquoi la plupart des voitures avait besoin d'aller tout droit dans l'Avenue Oakley ? A quoi sert le pont ? Pourquoi la voiture noire a-t-elle pris la Route d'Exeter pour s'enfuir ? Qui pouvait (bien) conduire cette voiture noire ? Avez-vous jamais vu, causé ou été victime d'un accident de la route ? Dans quelles circonstances ? Qu'est-on censé faire immédiatement après avoir vu un accident ? Que peut-on faire ensuite ? Approuvez-vous les limitations de vitesse et les contrôles radars ? Quelle sont les causes habituelles d'accidents de la route ? Avez-vous jamais été arrêté par la police ? Avez-vous jamais eu à payer une contravention ? Qu'aviez-vous fait ? Pourquoi les conducteurs français ont-ils une si mauvaise réputation en Europe, à votre avis ? Avez-vous jamais conduit une voiture en roulant à gauche ?

Si vous avez apprécié…

…merci de vous connecter quelques instants sur Amazon.fr pour donner votre avis sur cet ouvrage et en recommander la lecture le cas échéant.

Votre avis est en effet essentiel, non seulement pour l'auteur ou compositeur amateur que je suis, mais plus encore pour les nombreuses personnes surfant sur Internet en quête de conseils authentiques pour faire leur choix, car je ne cherche aucun autre soutien que celui de mes lecteurs et interprètes, afin de rester libre et indépendant de toute forme de média ou d'institution.

Dans l'attente du plaisir de vous lire en retour…

Bernard GARDE

Autres ouvrages disponibles du même auteur :

Âpre Miel
La conscience est amère, mais l'humour est sucré. (Ana)
Disponible sur Amazon.fr

Rapport Saintélangues
De l'échec à la réussite en Anglais. (Essai)
Disponible sur Amazon.fr

Corbeau Noir et Faisan Doré
(Roman policier)
Disponible sur Amazon.fr

Saintélangues – Niv.0
(Méthode autonome d'apprentissage accéléré pour débutant ou re-débutant intégral en anglais).
Disponible sur Amazon.fr

English Dialogues 2
(26 dialogues en anglais et 550 questions de compréhension ou d'improvisation, avec traduction indicative intégrale).
Disponible sur Amazon.fr

Le Ménestrin
(20 partitions pour flûte(s) à bec et dulcimer).
Disponible sur Amazon.fr

Cantate au Clair de Lune
(Pour voix ou instrument solo sur l'adagio de la Sonate au Clair de Lune de L.V. Beethoven).
Disponible sur Amazon.fr

Mélodithèque (Volumes 1 à 6)
(210 partitions pour guitare, guitare et flûte à bec, duos, trios et quatuors de flûtes à bec + enregistrements numériques).
Disponibles sur Free-scores.fr

Arrangements Musicaux
(The rose of Allendale, Amazing Grace, The Wild Rover, Scarborough Fair, Greensleeves, Canon de Pachelbel + enregistrements numériques).
Disponibles sur Free-scores.fr

www.ingramcontent.com/pod-product-compliance
Lightning Source LLC
Chambersburg PA
CBHW071258040426
42444CB00009B/1779